# 똑똑한 결정

오주영 글 | 나일영 그림

# 머리말

무언가를 결정하는 건 어려워요.
'이것도 좋고 저것도 좋아 보여. 뭘로 결정해야 하지?'
'내 결정이 옳은 걸까? 아, 두려워.'
이런 생각들이 결정하는 걸 더 힘들게 하지요. 그뿐 아니에요. 오랜 고민 끝에 결정했는데, 그 결정이 잘못된 거라면? 잘못된 결정은 사람들을 오랫동안 괴롭혀요. '그 때 내가 왜 그랬을까?' 하고 후회에 빠지게 되시요.

그런데 결정을 잘하는 힘은 타고나는 게 아니에요. 결정력을 기르겠다는 의지만 있다면, 자기가 직접 계발하고 키울 수 있답니다.
"난 결정을 잘하고 싶어요. 어떻게 결정력을 키우죠?"
이런 궁금증을 가진 어린이들에게 이 책은 좋은 길잡이가 되어 줄 거예요. 이 안에는 세상에 많은 영향을 준 훌륭한 위인들 70명의 결정법이 담겨 있어요.

예술가 카루소는 '난 못해.' 라는 꼬리표를 떼고 성공했어요. 결정을 잘하기 위해서는 '난 우유부단해.' 라는 꼬리표를 떼고 '난 결정을 잘해.' 라는 꼬리표를 달아야 해요.

과학자 아르키메데스는 생각이 안 날 때 목욕을 하기로 결정했어요. 몸을 쉬게 하면 생각이 잘 나거든요.

정치가 프랭클린은 수첩에 자기가 지켜야 할 13가지 계획을 적고 이 계획들을 50년 동안 실천했어요. 자신의 결점을 고치기로 결정하고 실천함으로써, 삶을 행복하게 만들었어요.

황제 칭기즈칸은 글도 쓸 줄 몰랐지만 주위 사람들의 말에 귀를 기울여 현명하게 결정했어요. 주위 사람들의 조언은 결정의 실패를 줄여 주지요.

여러분은 좋은 결정을 하기 위해 어떻게 행동하고 있나요?

돌도 갈고 닦아야 보석이 되듯, 좋은 결정을 위해서는 자신의 행동을 다듬어 가야 해요. 우리가 더 나은 결정을 내릴 수 있게 된다면, 우리의 삶은 더욱 아름다워지게 될 겁니다.

자, 이제 책장을 넘겨 볼까요? 책을 다 읽고 나면 여러분은 보다 현명한 결정을 할 수 있는 지혜로운 어린이가 되어 있을 거예요.

오주영

C O N T E N T S

### 제1장 >> 모험가

**001** 크리스토퍼 콜럼버스 _ 새로운 길로 출발! · 10 | **002** 로버트 에드윈 피어리 _ 돌아설 줄 아는 용기 · 12 | **003** 로알드 아문센 _ 북극이 정복되었다고? 그럼 남극으로 가자! · 14 | **004** 어니스트 섀클턴 _ 금화보다 통조림 한 통이 더 중요하다! · 16 | **005** 페르디난드 마젤란 _ 믿음으로 이룬 세계일주 · 18 | **006** 이븐 바투타 _ 이정표 앞의 선택 · 20 | **007** 에드먼드 힐러리 _ 다른 방법을 찾아라! · 22 | **008** 찰스 린드버그 _ 죽음을 각오하는 마음 · 24 | **009** 토르 헤위에르달 _ 동료들과 함께 한 101일간의 뗏목 여행 · 26 | **010** 닐 암스트롱 _ 한 걸음, 또 한 걸음 · 28 | 실천하기 _ 모험가가 되고 싶니? · 30

### 제2장 >> 발명가

**011** 토마스 에디슨 _ 실패할수록 성공에 가까워진다! · 34 | **012** 헨리 포드 _ 집중의 힘 · 36 | **013** 리바이 스트라우스 _ '다르게 생각하기'와 리바이스 · 38 | **014** 아서 프라이 _ 실패한 풀로 발명한 포스트잇 · 40 | **015** 에드윈 랜드 _ 산책의 여유 · 42 | **016** 후지무라 _ 비누 재료를 버릴까, 말까? · 44 | **017** 킹 질레트 _ 선택의 폭을 좁혀라! · 46 | **018** 빌 바워만 _ 육상 선수가 바라는 운동화 · 48 | **019** 빅터 세리브리아코프 _ 생각이 결과를 결정한다! · 50 | **020** 제임스 스팽글러 _ 먼지를 잡아라! · 52 | 실천하기 _ 발명가가 되고 싶니? · 54

# 차례

### 제3장 >> 기업가

**021** 리 아이아코카 _ 종이에 문제를 적는 습관 · 58 | **022** 잭 웰치 _ 꼬리를 자르는 지혜 · 60 | **023** 스티브 잡스 _ 미래로 향하는 결정 · 62 | **024** 존 스컬리 _ 뱁새가 황새 따라가지 마라! · 64 | **025** 혼다 소이치로 _ 생각을 열어 놓고 의견을 듣자! · 66 | **026** 줄리어스 로이터 _ 비둘기를 우체부로 이용한 엉뚱한 남자 · 68 | **027** 로버트 우드러프 _ 코카콜라를 5센트에 판 사나이 · 70 | **028** 짐 버크 _ 돈보다 큰 믿음 · 72 | **029** 케몬스 윌슨 _ 아이디어만으로는 소용없어! · 74 | **030** 제프 베조스 _ 후회하지 않을 선택 · 76 | 실천하기 _ 기업가가 되고 싶니? · 78

### 제4장 >> 정치가

**031** 서희 _ 홀로 80만 대군을 물리치다! · 82 | **032** 마하트마 간디 _ 계획을 세워라! · 84 | **033** 콜린 파월 _ 직관의 힘을 믿어라! · 86 | **034** 오성 이항복 _ 친구 따라 강남 간다? · 88 | **035** 장 바티스트 콜베르 _ 정직한 선택 · 90 | **036** 오토 폰 비스마르크 _ 결정에 대한 책임감 · 92 | **037** 제갈공명 _ 나의 가치를 알아 주는 사람 · 94 | **038** 윈스턴 처칠 _ 말더듬이에서 연설가로 · 96 | **039** 벤자민 프랭클린 _ 삶을 행복하게 해 준 수첩 · 98 | **040** 자공 _ 끊임없이 묻고, 끊임없이 생각한다! · 100 | 실천하기 _ 정치가가 되고 싶니? · 102

C O N T E N T S

### 제5장 >> 예술가

**041** 루드비히 반 베토벤 _ 희망을 선택하는 결정 · 106 | **042** 니콜로 파가니니 _ 단 한 줄로 연주한 바이올리니스트 · 108 | **043** 애거서 크리스티 _ 버려야 얻는 것 · 110 | **044** 월트 디즈니 _ 충고에 귀 기울이기 · 112 | **045** 엔리코 카루소 _ '난 못 해.' 라는 꼬리표를 떼라! · 114 | **046** 폴 세잔 _ 사과에 영혼을 담을 때까지! · 116 | **047** 괴테 _ 한 계단씩, 전력을 다해 올라라! · 118 | **048** 빌리 조엘 _ 후회는 절망의 지름길 · 120 | **049** 마이클 랜던 _ 포기하지 않으면 절망도 없다 · 122 | **050** 정습명 _ 누가 뭐래도, 나는 아름답다 · 124 | 실천하기 _ 예술가가 되고 싶니? · 126

### 제6장 >> 과학자와 학자

**051** 갈릴레오 갈릴레이 _ 진리는 막을 수 없다 · 130 | **052** 아르키메데스 _ 고민을 해결해 준 목욕 · 132 | **053** 임마누엘 칸트 _ 시간 계획을 꼼꼼히 · 134 | **054** 아이작 뉴턴 _ 잠은 결정력을 높여 준다! · 136 | **055** 루이스 파스퇴르 _ 머리를 쉬게 하는 결정 · 138 | **056** 버트런드 러셀 _ 우유부단함을 버려라! · 140 | **057** 리처드 파인먼 _ 노벨 물리학상을 받게 한 '놀이' · 142 | **058** 찰스 다윈 _ 백 번 고민하느니 한 번 실험하라! · 144 | **059** 멘델레예프 _ 기대는 조각상도 살아나게 한다! · 146 | **060** 마이클 패러데이 _ 최선의 행동이 최고의 결정 · 148 | 실천하기 _ 과학자가 되고 싶니? · 150

# 차례

**제7장 >> 왕과 대통령**

**061** 가이우스 율리우스 카이사르 _ 주사위를 던져라! · 154 | **062** 나폴레옹 보나파르트 _ 기준을 정해 두자! · 156 | **063** 당 태종 _ 다른 사람의 말에 귀 기울이기 · 158 | **064** 세종대왕 _ 우리글을 만드는 이유 · 160 | **065** 에이브러햄 링컨 _ 화가 날 때는 결정을 미뤄라! · 162 | **066** 에드워드 8세 _ 나를 진짜 행복하게 하는 것 · 164 | **067** 데이오케스 _ 힘들게 얻은 것이 더 값진 법 · 166 | **068** 존 F. 케네디 _ 언 발에 오줌 누지 말라! · 168 | **069** 왕건 _ 겸손한 사람이 진짜 똑똑한 사람 · 170 | **070** 칭기즈칸 _ 친구의 말에 귀 기울여라! · 172 | 실천하기 _ 대통령이 되고 싶니? · 174

# Determina
## adventurer

### Determination

# #1 모험가

adventurer
Determination

001 크리스토퍼 콜럼버스 _ 새로운 길로 출발!
002 로버트 에드윈 피어리 _ 돌아설 줄 아는 용기
003 로알드 아문센 _ 북극이 정복되었다고? 그럼 남극으로 가자!
004 어니스트 섀클턴 _ 금화보다 통조림 한 통이 더 중요하다!
005 페르디난드 마젤란 _ 믿음으로 이룬 세계일주
006 이븐 바투타 _ 이정표 앞의 선택
007 에드먼드 힐러리 _ 다른 방법을 찾아라!
008 찰스 린드버그 _ 죽음을 각오하는 마음
009 토르 헤위에르달 _ 동료들과 함께 한 101일간의 뗏목 여행
010 닐 암스트롱 _ 한 걸음, 또 한 걸음
실천하기 _ 모험가가 되고 싶니?

# 001

**탐험가 크리스토퍼 콜럼버스**
# 새로운 길로 출발!

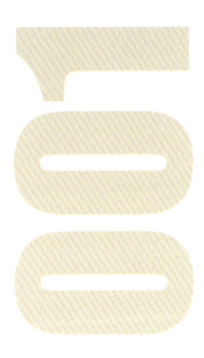

용감한 모험가는 남이 지나간 길보다, 아무도 가 보지 않은 길을 처음으로 찾아 내는 데 더 큰 기쁨을 느껴. 모험가에게는 '할 수 있어.' 라는 용기가 가득하단다.

집으로 가려는 네 앞에 노란 벽돌길과 초록 벽돌길이 있다고 상상해 보자. 노란 벽돌길은 네가 가 본 길이고 초록 벽돌길은 네가 가 보지 못한 길이야. 그런데 초록 벽돌길로 가면 더 빨리 집에 도착할 수 있을 것 같아. 너라면 어느 쪽 길로 가는 걸 택하겠니?

많은 사람들이 노란 벽돌길로 가는 걸 택한단다. 가 보지 않은 곳에 대한 막연한 두려움 때문이야. 또, 헤매게 되는 걸 싫어하기 때문이기도 해.

옛날엔 유럽에서 인도로 갈 때에는 배를 타고 동쪽으로 떠났어. 아프리카를 지나 중동을 지나 인도에 도착했지. 그래서 인도까지 가는 데에는 오랜 시간이 걸렸단다.

이 무렵 많은 과학자들이 이렇게 주장했어.

"지구는 둥그니까, 서쪽 바다를 지나면 언젠가 동쪽의 인도가 나올 거예요."

그러나 대부분의 사람들은 고개를 설레설레 저었어.

"서쪽 바다에 무엇이 있는 줄 알고 멀리까지 간단 말이오."

유럽 사람들에게 서쪽 바다는 가 본 적 없는 무서운 세계였어. 아무도 용기를 내어 항해하려고 하지 않았지. 그 때 콜럼버스는 서쪽 바다로 항해를 떠나 인도에 가기로 결정했단다.

많은 사람들이 고개를 젓고 혀를 차며 콜럼버스의 얼굴을 다시 볼 수 없을 거라고 말했어. 하지만 콜럼버스는 반 년 만에 서쪽 바다를 건너는데 성공했어. 콜럼버스의 결정으로 유럽은 서쪽 바다 너머에 있는 새로운 대륙, 신대륙을 찾아 내게 되었지.

시도해 보기도 전에 '안 된다.', '못 한다.' 라고 생각했다면 콜럼버스는 새로운 항로를 발견할 수 없었을 거야. 용감한 모험가는 남이 지나간 길보다, 아무도 가 보지 않은 길을 처음으로 찾아 내는 데 더 큰 기쁨을 느껴.

콜롬버스에게 새로운 곳으로 나아가는 용기를 배우자. 용기는 너에게 멋진 결정을 할 수 있는 기회를 줄 거야.

# 002

**탐험가 로버트 에드윈 피어리**

# 돌아설 줄 아는 용기

'급할수록 돌아가라.'는 말이 있어. 한 번에 다 하려고 하지 말고, 차근차근 조금씩 해 나갈 때에 더 좋은 결과를 이룰 수 있다는 말이야.

발가락 두 개로 북극을 정복한 사나이를 알고 있니?

"지구의 북쪽 끝에 누구보다 제일 먼저 도착하겠어."

미국의 피어리는 수차례 북위 90도의 북극점에 도전했어. 그 때마다 북극의 매서운 날씨는 피어리를 방해했어. 한 번은 북극점이 얼마 남지 않은 북위 84도 17분 지점까지 도착했어. 그러나 살을 에는 추위 때문에 발길을 돌릴 수밖에 없었지. 이 때에 피어리는 동상에 걸려 발가락 여덟 개를 잃고 말았어.

그래도 피어리는 도전을 멈추지 않았어. 51세 되던 1908년 7월, 피어리는 다시 한 번 배를 타고 북극으로 향했어. 이듬해 4월, 피어리는 마침내 아무도 가 보지 못한 지구의 북쪽 끝에 첫 발자국을 찍었어. 20년 만에 자신의 꿈을 이룬 거야.

꿈을 이루기 위해 피어리가 한 가장 멋진 결정은 무엇이었을까?

"더 이상은 위험해. 돌아가자."

이렇게 말하며 돌아섰던 것이란다. 피어리는 언제나 갈 수 있는 최대한까지 갔어. 그리고 더 견딜 수 없을 만큼 위험할 때에는 아무리 아쉬워도 돌아섰단다. 그 때의 경험을 바탕으로 다음 번엔 더 많이 나아갈 수 있었지.

만약 피어리가 처음부터 단번에 북극점을 정복하려고 했다면, 무시무시한 북극의 추위 속에서 발가락만이 아니라 목숨까지 잃고 말았을 거야. 북극 정복의 영광은 다른 사람의 몫이 되었을 테지.

너는 돌아가야 할 때에 발길을 돌릴 수 있는 용기를 지니고 있니? '이만큼이나 왔는데 돌아가는 건 억울해.', '지금 돌아가면 또 새로 시작해야 하잖아.' 라는 생각으로 머뭇거리고 있지는 않니?

'급할수록 돌아가라.' 는 말이 있어. 한 번에 다 하려고 하지 말고, 차근차근 조금씩 해 나갈 때에 더 좋은 결과를 이룰 수 있다는 말이야. 돌아서는 용기는 다음 번에 네가 더 좋은 결과를 이룰 수 있는 발판이 되어 줄 거야.

## 03

**탐험가 로알드 아문센**
# 북극이 정복되었다고?
# 그럼 남극으로 가자!

어떤 결정을 내려야 할 때, '내가 진정으로 원하는 게 뭐지?' 하고 생각해 보자. 진짜 이루고 싶은 것을 알고 있다면, 결정을 내리기도 쉬워진단다.

네가 만약 '살을 빼자.'라는 목표를 세웠다고 해 봐. 네가 살을 빼려는 건, '살을 빼면 예뻐질 거야.'라고 생각하기 때문이야. 다시 말하면 '예뻐지겠다.'라는 목적 때문이지.

그런데 다이어트를 하는 바람에 꼬챙이처럼 빼빼 마른다면 어떻게 될까? 사람들이 너보고 "멋있다.", "예쁘다."라고 할까? 그 반대일 거야. "왜 이렇게 말랐니?"라거나 "살 좀 쪄! 보기 흉하다."라고 할 거야.

왜 이런 일이 생길까? 그건 네가 '예뻐지겠다.'는 목적을 잊고, '살을 빼자.'는 목표에만 매달렸기 때문이란다.

노르웨이의 아문센은 북극을 정복하기 위해 출발하려는 참에 눈앞이 캄캄해질 만큼 충격적인 소식을 듣게 되었어.

"선장님, 미국의 탐험가 피어리가 북극을 정복했답니다!"

북극을 정복하는 건 아문센의 오랜 꿈이자 목표였어. 아문센은 '북극점을 정복하자.'라고 목표를 세웠고, 이 목표는 '아무도 닿지 않은 곳에 처음으로 가겠다.'는 목적에서 나왔단다.

　아문센은 결정해야 했어. '2등이라도 하자.'라는 생각으로 북극으로 출발하느냐, 아니면 '할 수 없지.' 하며 탐험을 포기하느냐!
　이 때, 아문센은 누구도 예상하지 못한 결정을 내렸어.
　"피어리가 북극점을 돌려 줄 리 없으니, 대신 남극점을 정복하자!"
　그리하여 아문센은 1911년 12월 14일, 한 사람의 희생도 없이 세계 최초로 남극점에 도착했단다.
　아문센이 남극점을 정복하기로 결정을 내릴 수 있었던 것은 목적을 잊지 않았기 때문이야. 그래서 북극이 정복되었을 때, 아문센은 '대신 남극점을 정복하자.'라고 결정할 수 있었단다.
　어떤 결정을 내려야 할 때, '내가 진정으로 원하는 게 뭐지?' 하고 생각해 보자. 진짜 이루고 싶은 것을 알고 있다면, 결정을 내리기도 쉬워진단다.

# 004

### 탐험가 어니스트 섀클턴
# 금화보다 통조림 한 통이 더 중요하다!

사막에서 물 한 통을 금화 한 닢에 판다면 어떻게 하겠니? 무슨 일을 결정할 때는 섀클턴처럼 지금 나에게 가장 중요한 것이 무엇인지 잘 생각해야 한단다.

사막을 여행하던 탐험가가 길을 잃었어. 탐험가가 가진 건 금화 한 닢뿐. 탐험가는 목이 말라 뜨거운 태양 아래 쓰러져 버렸지. 이 때, 한 여행자가 탐험가를 발견하고 말했어.

"물 한 통을 금화 한 닢에 팔겠소."

자, 너라면 이 때 어떤 결정을 하겠니?

어니스트 섀클턴도 사막의 탐험가와 같은 상황에 빠졌어. 섀클턴은 27명의 대원을 이끌고 인듀어런스 호를 타고 남극 횡단에 나섰어. 하지만 남극에 도착한 인듀어런스 호가 남극을 떠

다니는 얼음덩이들에 끼어 부서지고 말았어.

'과연 우리가 살아 돌아갈 수 있을까?'

섀클턴은 온갖 생각을 누르고, 남극 얼음 위에서 살아 남기 위한 결정을 내렸어.

"필요 없는 건 다 버리시오. 살기 위해 필요한 것을 최대한 챙겨야 하오!"

그러고는 주머니에서 금으로 된 담뱃갑과 금화를 꺼내어 눈 속에 던져 버렸어. 그 모습을 본 대원들은 자기들도 아끼던 소지품을 버리고 대신 모두가 살아 남기 위한 물건들을 챙겼어. 살기 위해서는 당장의 값비싼 소지품보다 살아 남기 위한 통조림 한 통, 밧줄 하나가 더 중요하다는 걸 깨달은 거야.

섀클턴을 포함한 27명의 동료들은 무시무시한 얼음 들판을 걷고, 눈보라 치는 언덕을 넘어 500일이 넘는 기나긴 시간 끝에, 전 대원이 무사히 돌아올 수 있었어.

다시 처음의 질문으로 돌아가 보자. 사막에서 물 한 통을 금화 한 닢에 판다면 어떻게 하겠니?

무슨 일을 결정할 때는 섀클턴처럼 지금 나에게 중요한 것이 무엇인지 잘 생각해야 한단다.

## 05

**탐험가 페르디난드 마젤란**
# 믿음으로 이룬 세계일주

물러설 곳 없고, 나아갈 곳 보이지 않을 때 절망하고 포기하지 않도록 이끌어 주는 게 뭔지 아니? 바로 굳은 믿음이야. 마젤란은 항해를 결정하게 만든 믿음을 절대 놓지 않았어.

마젤란이 살았던 15세기 유럽에서는 아직도 세상의 '끝'이 있다고 믿었어.

"세상의 끝에는 무시무시한 괴물이 살고 있을 거야."

콜럼버스가 신대륙을 발견했지만 사람들은 여전히 두려워했어. 하지만 마젤란은 달랐어.

'지구는 둥글어. 바다로 계속 나아가면 지구를 한 바퀴 돌 수 있을 거야.'

마젤란은 서쪽 바다를 지나, 신대륙을 지나, 새로운 바다를 건너면 동남아시아의 향료 제도에 닿을 수 있을 거라고 굳게 믿었어.

1519년, 마젤란은 서쪽 바다를 항해해, 콜럼버스가 발견한 신대륙에 도착한 다음, 해안선을 따라 아래로 내려갔어. 마젤란은 36일 동안의 항해 끝에 해협을 통과했고, 그로부터 3달 동안 태평양을 건너 괌에 도착했단다.

그 동안의 고통은 말로 다 할 수 없었어. 음식이 모자라 벌레가 득실거리는 딱딱한 과자를 먹었고, 썩어서 냄새

나는 물을 마셔 가며 항해를 계속했지. 신선한 과일을 먹지 못한 선원들이 잇몸이 붓는 괴혈병으로 죽어 갔어. 배 한 대는 부서졌고, 배 한 대는 도망쳐 남은 배는 3척뿐이었어.

　물러설 곳 없고, 나아갈 곳 보이지 않을 때 절망하고 포기하지 않도록 이끌어 주는 게 뭔지 아니? 바로 굳은 믿음이야. 마젤란은 항해를 결정하게 만든 믿음을 절대 놓지 않았어.

　'조금만 더 가면 섬이 보일 거야. 바다는 이어져 있으니까.'

　그리하여 마젤란은 괌을 발견했고, 필리핀 제도까지 도착해 세계 일주를 해내고 말았단다.

　중간에 포기하려는 마음이 드는 건 믿음이 흔들리기 때문이야. 믿음을 갖고 한 길을 향해 나아간다면 보다 커다란 결실을 맺을 수 있단다.

**여행자 이븐 바투타**
# 이정표 앞의 선택

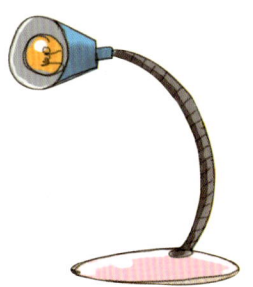

어떤 결정을 할 때 우리는 두 갈래로 갈라지는 길목의 이정표 앞에 선 듯한 느낌을 받을 때가 있어. 어느 한 곳을 선택하느냐에 따라 미래가 달라질 거라는 예감이 드는 때가 있지.

---

    어떤 결정을 할 때 우리는 두 갈래로 갈라지는 길목의 이정표 앞에 선 듯한 느낌을 받을 때가 있어. 어느 한 곳을 선택하느냐에 따라 미래가 달라질 거라는 예감이 드는 때가 있지.
    이븐 바투타에게도 그런 순간이 찾아왔단다.
    모로코의 학자 가문에서 태어난 이븐 바투타는 21살에 메카로 성지 순례를 떠났어. 성지 순례를 마치자, 이븐 바투타는 선택의 길목에 서게 되었어. 이대로 집으로 돌아가느냐, 아니면 여행을 계속 하느냐.
    집으로 돌아간다면 전과 같이 편안하고 안락하게 살아갈 것이고, 여행을 떠난다면 고생을 하게 될 거야. 이 때 이븐 바투타는 안락한 생활을 포기하고 여행을 떠나기로 결정했단다. 힘겹더라도 더 가치 있는 선택이 되리라 믿었기 때문이야.
    이븐 바투타는 이라크, 페르시아, 중앙아시아, 인도를 자유로이 누볐어. 그는 돈으로 살 수 없는 경험을 여행을 통해 얻게 되었단다.
    이븐 바투타는 27년 만에 고향으로 돌아와 술탄 왕의 명령으로 오랜 세월 경험한 여행담을 책으로 써 냈단다. 그의 여행기는 14세기 이슬람 사회를 잘 보여 주는 자료로써 매우 큰 가치를 갖게 되었지.

여행을 하기로 한 결정은 이븐 바투타의 인생에서 가장 중요한 전환점이었어. 우리에게도 언젠가 이런 순간이 찾아올 거야. 그 때 좋은 결정을 하기 위해 지금부터 준비하자.

작은 결정을 내리는 순간마다 더 나은 결정이 무엇일지 생각하다 보면 중요한 순간에 최고의 선택을 내릴 수 있게 된단다.

### 산악인 에드먼드 힐러리
# 다른 방법을 찾아라!

결정을 하기 위해 한 가지 방법만 고집하고 있지는 않니? 어떤 일을 이루기 위한 방법은 한 가지가 아니야. 수많은 방법이 있지만 미처 발견하지 못하고 있을 뿐이란다.

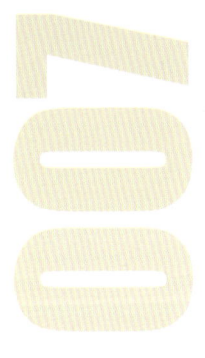

민우는 수업 준비물인 파란 도화지를 사려고 문구점에 갔는데 파란 도화지가 다 떨어졌지 뭐야. 이럴 때 너라면 어떻게 하겠니? 뉴질랜드의 산악인 에드먼드 힐러리라면 이렇게 말했을 거야.
"다른 방법을 찾아보자."

'사야 한다.'는 한 가지 방법만 고집하지 않는다면, 파란 도화지를 구할 방법은 훨씬 많아진단다. 일단 친구에게 전화해서 파란 도화지가 하나 더 있냐고 물어 볼 수 있을 거야. 아니면 선생님께 전화해 사정을 이야기하고 다른 색깔의 도화지를 가져가도 되는지 물어 볼 수도 있어. 이도 저도 안 되면 흰색 도화지에 파란 색깔로 색칠해서 가져갈 수도 있겠지.

힐러리는 언제나 예기치 않은 상황에 대해 생각했어. 이런 훈련은 산에서 갑작스런 상황이 벌어졌을 때 빛을 발했어. 힐러리는 우왕좌왕 어쩔 줄 몰라 하는 사람들을 이끌고 그때 그때마다 계획을 바꾸어 현명하게 위기를 넘겼단다.

1953년, 드디어 힐러리가 이끄는 원정대가 세계에서 가장 높은 산 에베레스트를 향해 출발했어.

힐러리는 에베레스트를 오르리라는 자신의 목표가 꼭 성공할 거라고 생각하지 않았어. **힐러리는 '성공할 가능성이 적다.'고 생각했기 때문에, 성공할 수 있는 수많은 방법을 머릿속에 그리고 또 그렸어.** 그 덕에 어떤 위험한 상황이 닥쳐도 허둥대지 않고 새로운 방법을 찾아 앞으로 전진했고, 인류 최초로 세계의 지붕, 에베레스트에 서게 되었단다.

혹시 결정을 하기 위해 한 가지 방법만 고집하고 있지는 않니? 어떤 일을 이루기 위한 방법은 한 가지가 아니야. 수많은 방법이 있지만 미처 발견하지 못하고 있을 뿐이란다.

**비행사 찰스 린드버그**
# 죽음을 각오하는 마음

결정을 내렸다면 죽음을 각오한 단단한 마음가짐으로 부딪힐 수 있어야 해. 그런 뜨거운 열정이야말로 성공의 문을 여는 열쇠가 된단다.

찰스 린드버그는 비행기로 우편물을 나르는 25살의 청년이었어. 이 때의 비행기는 성능이 그리 좋지 않았어. 여러 사람들이 미국 뉴욕에서부터 대서양을 지나 프랑스 파리까지 단숨에 날아가 보려고 했지만 모두 횡단에 실패했고 적지 않은 사람들이 목숨을 잃었어.

그 때 찰스 린드버그가 이 무시무시하고 위험한 도전에 나섰어.

그는 작은 비행기 안에 연료통만을 가득 실은 채 탈출할 때 쓰는 낙하산은 싣지 않았어. 그가 지니고 탄 것은 샌드위치 5개와 물 4리터뿐이었단다.

"낙하산은 파리에 도착하면 필요 없을 테고, 도착하지 않아도 필요 없을 거야."

찰스 린드버그는 이번 비행에 목숨을 걸었던 거야. 마지막 생명줄인 낙하산조차 챙기지 않은 건, 파리로 가다 추락해 죽을지언정, 파리로 가는 걸 포기하지 않겠다는 강한 의지에서 비롯되었어.

1927년 5월 20일 아침, 찰스 린드버그의 비행기가 뉴욕의 하늘로 날아올랐어. 린드버그는 밤새도록 추위와 졸음과 두려움에 맞섰어. 다음 날인 5월 21일 밤, 린드버그는 멀리서 파리의 에펠탑 불빛이 반짝이는 것을 보았어.

"해냈어! 파리의 불빛이야!"

린드버그의 비행기는 파리에 무사히 도착했어. 뉴욕을 출발한 지 33시간 30분 만이었단다.

결정을 내렸다면 죽음을 각오한 단단한 마음가짐으로 부딪힐 수 있어야 해. 그런 뜨거운 열정이야말로 성공의 문을 여는 열쇠가 된단다.

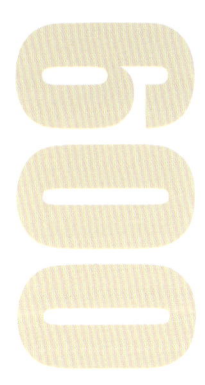

인류학자 토르 헤위에르달
## 동료들과 **함께** 한 101일간의 뗏목 여행

어떤 결정은 혼자서 실천하기 너무 어려워. 그럴 때에는 함께 할 일행을 찾아보자. 같은 생각을 갖고 함께 하는 일행은 서로에게 커다란 힘을 주는 비타민과 같단다.

    토르 헤위에르달은 노르웨이의 인류학자야. 그는 남태평양 폴리네시아의 원주민 문명을 조사하다가 이들이 과거 남미에서 이주했다는 새로운 가설을 세우게 되었어.
    "페루의 잉카인들이 남아메리카에서 태평양을 횡단해 폴리네시아로 간 게 틀림없어요."
    그러나 학자들은 헤위에르달의 말을 비웃었어.
    "말이 되는 소리를 하게. 도대체 그 먼 곳까지 뭘 타고 갔단 말인가?"
    "발사 나무로 만든 뗏목을 이용했습니다."
    "허, 참……. 뗏목으로 태평양을 건넜다고? 물고기 하품하는 소리 말게."
    결국 헤위에르달은 이런 결심을 하게 되었어.
    **"좋아. 직접 뗏목을 만들어 타고 태평양을 건너 보이겠어. 함께 할 동료를 모으자!"**
    헤위에르달은 동료가 된 다섯 젊은이와 함께 뗏목 여행을 떠났어. 뗏목은 훔볼트 해류를 타고 서쪽으로 흘러갔어. 거센 폭풍우도 동료들과 함께 가뿐히 이겨 낼 수 있었지. 뗏목은 101일 만에 남태평양의 작은 섬에 도착하게 되었단다. 그리하여 '남아메리카의 문화가 태평양 섬의 문화에 영향을 미쳤다.'는 헤위에르달의 주장은 인정을 받게 되었어.

 헤위에르달이 홀로 뗏목을 타고 바다를 건너려 했다면 어땠을까? 석 달이 넘는 시간 동안 무척 힘이 들고 외로웠을 거야.

 어떤 결정은 혼자서 실천하기 너무 어려워. 그럴 때에는 함께 할 일행을 찾아보자. 친구나 가족에게 '내가 이러이러한 일을 하려고 하는데 함께 했으면 좋겠다.'라고 이야기해 보렴. 같은 생각을 갖고 함께 하는 일행은 서로에게 커다란 힘을 주는 비타민과 같단다.

## 010

우주비행사 닐 암스트롱

# 한 걸음, 또 한 걸음

하고 싶은 게 많을 때는 무엇을 해야 할지 우왕좌왕하게 돼. 그렇지만 하고 싶은 게 정해져 있을 때는 망설임 없이 자기에게 꼭 필요한 것을 선택할 수 있단다.

"과학자, 최고 경영자, 모험가, 천문학자, 축구 선수, 변호사……. 되고 싶은 게 너무 많아 고민이야!"

혹시 이런 고민을 하고 있지 않니?

미국에 살던 닐 암스트롱은 이런 고민이 없었어. 어린 시절에 이미 자신의 길을 선택했거든.

"난 비행사가 될 거야."

암스트롱은 해군 비행사 양성 학교의 학생이 되었어. 대학에 가서는 비행학을 공부했지. 그러던 어느 날, 소련에서 우주인을 태운 우주선을 우주로 날려 보냈어. 최초의 우주인은 지구 둘레를 세 바퀴나 돌고 지구로 돌아왔단다. 그러자 미국도 질 수 없었어. 미국은 우주로 나갈 우주 비행사를 모집했어.

"우주를 비행한다고? 그거 멋진데!"

암스트롱은 우주 비행사 팀에 뽑혀 훈련을 받았어. 그리하여 1969년, 암스트롱은 우주선 아폴로 11호를 타고 우주를 날아가 세계 최초로 달에 착륙하는 업적을 세우게 되었어.

"이는 한 인간에겐 작은 한 걸음이나, 인류에겐

앞으로 나아가는 위대한 발걸음입니다!"
이것은 암스트롱이 남긴 유명한 말이란다.
암스트롱은 어려서 자신이 갈 길을 선택했어. 그 하나의 선택에 맞추어 모든 걸 결정하고 한 걸음, 또 한 걸음 나아갔어. 경비행기 비행사 면허증을 땄고, 해군 비행사 양성 학교에 갔고, 대학에서 비행학을 공부했고, 결국 달에 첫걸음을 디딘 최초의 우주 비행사가 되었어.
하고 싶은 게 많을 때는 무엇을 해야 할지 우왕좌왕하게 돼. 그렇지만 하고 싶은 게 정해져 있을 때는 망설임 없이 자기에게 꼭 필요한 것을 선택할 수 있단다.
네가 정말 하고 싶은 건 뭐니?

## 모험가가 되고 싶니?

에베레스트에 오른 힐러리와, 세계 일주를 한 마젤란과, 비행기를 타고 대서양을 건넌 린드버그와 달로 간 암스트롱 사이에 무슨 공통점이 있을까?

바로 위험을 무릅쓰고 '세계 최초'로 어떤 곳에 도달했다는 거야. 이들은 아무도 가지 않은 장소에 도달했거나, 아무도 하지 않은 방법으로 원하는 곳에 도달했어. 위험하다는 걸 알고 있었지만, 끝끝내 포기하지 않고 앞으로 나아갔지.

"하지만 이젠 안 가 본 곳이 없잖아. 남극, 북극, 에베레스트까지!"

혹시 이렇게 생각하고 있니? 지구상에 탐험할 곳이 더 이상 남아 있지 않다는 건 틀린 생각이야. 오늘날에도 수많은 모험가들이 새로운 방법으로 기록을 세우기 위해 탐험을 떠나고 있어.

어떤 사람은 "엔진을 이용하지 않고 세계를 일주하겠어." 하고 나섰어. 이 사람은 오로지 걷거나, 자전거를 타거나, 노를 저어서 세계를 돌았어. 우리도 얼마든지 새로운 도전을 하는 모험가가 될 수 있단다.

그렇다면 모험가가 되기 위해 무엇이 필요할까?

① 용기와 호기심이 필요해

모험가는 새로운 곳으로, 새롭게 나아가는 사람이야. 가 보지 않은 새로운 길 앞에서 "헤매면 어쩌지?" 하고 걸음을 멈추는 사람은 모험가가 되기 어려워. 모험가로 어울리는 사람은 "저 길 너머엔 무엇이 있을까?" 하고 궁금해하며 용기 있게 한 걸음 내딛을 수 있는 사람이란다.

② **유연함이 필요해**

새로운 길을 갈 때에는 앞으로 무슨 사건이 벌어질지 도무지 알 수 없어. 때때로 갑작스러운 일이 생겨 계획이 틀어지기도 해. 모험가의 진정한 소질은 이런 때에 찾아볼 수 있어.

"아휴, 이를 어쩌지?" 하고 발만 동동 구르는 사람은 탐험을 잘할 수 없어. 예상치 못했던 일에 당황하지 않고 "그렇다면 다른 방법을 써 보자." 하며 새로운 방법을 찾아 내는 사람이야말로 최고의 모험가가 될 수 있단다.

# #2 발명가

inventor Determination

- **011** 토마스 에디슨 _ 실패할수록 성공에 가까워진다!
- **012** 헨리 포드 _ 집중의 힘
- **013** 리바이 스트라우스 _ '다르게 생각하기' 와 리바이스
- **014** 아서 프라이 _ 실패한 풀로 발명한 포스트잇
- **015** 에드윈 랜드 _ 산책의 여유
- **016** 후지무라 _ 비누 재료를 버릴까, 말까?
- **017** 킹 질레트 _ 선택의 폭을 좁혀라!
- **018** 빌 바워만 _ 육상 선수가 바라는 운동화
- **019** 빅터 세리브리아코프 _ 생각이 결과를 결정한다!
- **020** 제임스 스팽글러 _ 먼지를 잡아라!
- 실천하기 _ 발명가가 되고 싶니?

## 011

**발명가 토마스 에디슨**
# 실패할수록
# 성공에 가까워진다!

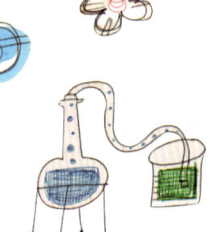

만약 실패가 찾아왔다면 그 때 잘못된 선택을 했던 원인을 찾아 내자. 다음에는 같은 일이 생겼을 때 다른 선택을 할 테고, 그 선택은 전보다 더 좋은 결과를 가져올 거야.

천재 발명가 토마스 에디슨은 전구를 만들기로 마음먹고 실험에 들어갔어. 전구의 필라멘트를 만들기 위해 연구를 하고 여러 가지 실험을 하는 동안, 에디슨은 2000여 번의 실패를 겪었단다. 100번도 아니고 1000번도 아닌 2000번의 실패! 보통 사람이라면 나 가떨어져 손을 휘휘 저으며 "생각하기도 징그러워!" 하고 외칠 만큼 여러 번의 실패였지. 그러나 에디슨은 다른 누구보다도 태연했어. 실험에 실패할 때마다 에디슨은 되뇌었어.

'이번 실험도 성공이야. 필라멘트에 적합하지 않은 물질을 한 가지 더 발견했잖아.'

에디슨은 실패한 실험조차 작은 성공으로 여겼어. 실패를 통해 새로운 걸 배웠고, 그 배움이 쌓여 성공에 닿을 수 있게 되리라고 믿었기 때문이야. 이런 믿음이 어떤 실패를 겪더라도 절망하지 않고 다음 실험을 할 수 있는 힘이 되었어.

많은 사람들이 오랫동안 준비하고, 노력하고는 '더 이상은 안 돼.', '이제는 더 못 해.' 하며 포기하고는 해. 그 동안의 작은 실패들이 또 한 걸음 전

실패라는 배움을 쌓으면 성공에 닿을 수 있다고!

진할 수 있는 디딤돌이 되어 주고 있었다는 걸 깨닫지 못하고!
　에디슨은 이렇게 말했단다.
　"인생에서 실패가 생기는 이유를 아나요? 그건 스스로가 얼마나 성공에 가까이 다가갔는지 모른 채 포기하기 때문에 생겨난답니다. 실패는 성공의 어머니라는 것을 잊지 마세요."
　만약 실패가 찾아왔다면 그 때 잘못된 선택을 했던 원인을 찾아내자. 다음에는 같은 일이 생겼을 때 다른 선택을 할 테고, 그 선택은 전보다 더 좋은 결과를 가져올 거야.

**발명가 헨리 포드**
# 집중의 힘

두 가지 이상의 일을 함께 하면 우리는 금세 피로해져. 이 일을 할 때는 '저 일을 해야 하는데.', 저 일을 할 때는 '이 일을 해야 하는데.' 하는 마음이 들거든.

---

두 가지 이상의 일을 함께 하면 우리는 금세 피로해져. 이 일을 할 때는 '저 일을 해야 하는데.', 저 일을 할 때는 '이 일을 해야 하는데.' 하는 마음이 들거든. 그 때문에 점점 초조해지고, 머릿속이 복잡해져서 일이 자꾸만 막히게 되지.

처음에 자동차는 숙련된 몇몇 노동자들의 손에 의해 조립되었어. 여러 노동자들이 한 곳에 모여 작은 부분을 조금씩 조립해 자동차 한 대를 완성했지.

그런데 헨리 포드는 '컨베이어 벨트'라는 새로운 시스템을 가져왔어. 그는 '한 가지 일에 집중하면 더 많은 일을 할 수 있다.'는 걸 깨달았던 거야. 공장에는 천천히 움직이는 컨베이어 벨트가 설치되었어. 그 위에 자동차 차체를 올려 놓으면, 차체가 노동자들 앞으로 이동했어.

노동자들은 자기가 맡은 부분의 일만 반복해서 했어. 한 노동자는 운전대만 끼웠고, 한 노동자는 나사만 돌렸어. 일이 나뉘자, 자동차 한 대를 조립하는데 걸리는 시간이 9분의 1로 줄어들었어.

컨베이어 벨트는 노동자에게서 노동의 즐거움과 창조성을 빼앗아 갔다는 단점도 있지만 그럼에도 불구하고 오늘날 수많은 기업들이 상품을 만들 때에 컨베이어 벨트를 쓰고 있어. 한 사람이 한 가지 일에 집중하면 상품을 더 빠른 시간에 더 많이 만들 수 있다는 장점 때문이야.

할 일이 많이 쌓였을 때는 이 일 저 일이 뒤엉켜 한 가지 일도 제대로 할 수 없을 때가 있어. 이럴 때는 그 중에 제일 급하고 중요한 일을 선택해 하나씩 해결해 보렴.

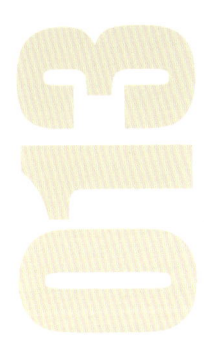

**발명가 리바이 스트라우스**

# '다르게 생각하기'와 리바이스

텐트 천으로 바지를 만들어 팔아 성공한 스트라우스는 데님이라는 두툼한 면직물로 바지를 만들어 팔기 시작했어. 오늘날 우리가 즐겨 입는 청바지는 이렇게 생겨났어.

1850년, 미국 서부에서 금광이 발견되자, 사람들은 서부로 몰려들었어. 리바이 스트라우스는 서부로 가 텐트 천을 팔기로 마음먹었어.

'금을 찾으러 온 광부들에게 햇빛을 가려 주는 텐트 천을 팔면 성공할 거야.'

스트라우스는 가진 재산을 탈탈 털어 텐트 천을 산 후 광부들에게 팔기 시작했어. 그러나 사람들은 텐트 천에 아무 관심도 보이지 않았어.

'이 천들을 다 팔지 못하면 난 가난뱅이가 될 텐데……'

생각했던 대로 일이 되지 않고, 문제는 전혀 해결되지 않을 때에 사람들은 절망에 빠져. 하지만 스트라우스는 절망하는 대신 '다른 방법이 없을까?' 하고 생각했단다. 그러자 좋은 아이디어가 떠올랐어!

"이 천은 빳빳하고 두껍고 튼튼해. 이걸로 바지

를 만들면 오래 입을 수 있지 않을까?"

스트라우스는 당장 재단사를 고용해 바지를 만들어 팔기 시작했어. 바지는 날개 돋힌 듯 팔리게 되었지. 굴을 파고 돌을 캐는 광부들에게는 두껍고 튼튼한 옷이 꼭 필요했던 거야. 이 바지가 바로 최초의 리바이스 청바지야.

텐트 천으로 바지를 만들어 팔아 성공한 스트라우스는 데님이라는 두툼한 면직물로 바지를 만들어 팔기 시작했어. 오늘날 우리가 즐겨 입는 청바지는 이렇게 생겨났어.

어떤 일을 하다가 장애물에 부딪혔다면 지금까지와는 다른 방법으로 해결하려고 해 봐. 다르게 생각하면 새로운 방법을 찾을 수 있어. 마음에 드는 새로운 방법을 찾는다면, 더 좋은 결과를 얻을 수도 있을 거야.

**발명가 아서 프라이**

# 실패한 풀로 발명한 포스트잇

포스트잇의 편리함이 알려지자, 곧 선풍적인 인기를 끌며 팔려 나가게 되었어. 실패작으로 버려질 뻔했던 풀을 이용해 최고의 아이디어 상품을 만들어 낸 거야.

"아휴, 실패야, 실패. 이렇게 접착력이 없어서 어디에 쓴담?"

문구 회사의 연구원인 스펜서 실버 박사는 새로 만든 풀 때문에 골치가 아팠어. 풀이라면 모름지기 철썩 붙어야 하는데, 새로 만든 풀은 그렇지가 않았어. 붙이면 붙기는 했지만, 떼면 쉽게 떼어졌지.

그런데 때마침 같은 회사의 아서 프라이에게 그런 풀이 필요했어.

"그럼 제가 써도 될까요? 찬송가 책에 종이를 붙였다 떼었다 하는 데 쓰면 편리할 거예요."

"그건 실패작이라 어차피 버릴 풀이야. 마음대로 쓰게."

프라이는 당장에 책에 잘 붙으면서도 떨어질 때 끈적이지 않는 '풀 바른 메모지'를 만들었어. 이 메모지를 써 보니 여간 편리한 게 아니었지.

"실패작이 꽤 쓸모 있네?"

프라이는 즐거운 마음으로 풀 바른 메모지를 사용했어. 그러다 보니, 이런 생각이 떠올랐어.

'이걸 상품으로 만들면 어떨까?'

프라이는 실패작 풀로 신상품을 만들어 보기로 결정했어. 이게 바

로 '포스트잇'이란다. 프라이의 결정은 옳았어! 포스트잇의 편리함이 알려지자, 곧 선풍적인 인기를 끌며 팔려 나가게 되었어. 실패작으로 버려질 뻔했던 풀을 이용해 최고의 아이디어 상품을 만들어 낸 거야.

'이건 틀렸어.'

'저건 절대 아니야.'

이렇게 생각하며 버린 실패작 중에도 쓸모 있는 것이 숨어 있을 수 있어. 결정을 내릴 때 '아니야.', '틀렸어.' 하고 생각했던 것들도 다시 한 번 확인하고 생각해 보자.

## 015

**발명가 에드윈 랜드**
# 산책의 여유

랜드는 영감을 놓치지 않기 위해 산책을 하기로 했어. 산책은 마음을 여유롭게 해 아이디어가 더 잘 떠오르게 한다고 생각했어.

사업가 에드윈 랜드는 부인과 세 살짜리 어린 딸을 데리고 산타페로 휴가를 갔어.

"카메라 보고 웃자, 치즈!"

랜드는 귀여운 딸의 사진을 잔뜩 찍었어. 딸은 얼른 보고 싶어 발을 굴렀어.

"아빠, 언제 현상돼? 지금 못 봐?"

"며칠 있어야 해. 사진을 다 찍고 필름을 맡겨야 현상이 되거든."

사진을 빨리 현상할 수 있는 방법이 없을까? 산책을 하면서 아이디어를 생각해 보자.

"빨리 보고 싶단 말이야!"

딸의 말은 랜드에게 어떤 영감을 주었어.

랜드는 영감을 놓치지 않기 위해 산책을 하기로 했어. 산책은 마음을 여유롭게 해 아이디어가 더 잘 떠오르게 한다고 생각했어. 랜드는 산타페의 거리를 걸으며 찍자마자 현상되어 나오는 폴라로이드 카메라를 생각했어.

사람들은 즉석에서 사진이 나오는 폴라로이드 카메라에 열광했어. 폴라로이드 카메라는 엄청난 인기를 끌었단다.

**생각할 것이 있을 때, 산책을 나서자. 생각하는 시간을 통해 멋진 아이디어가 떠오를 거란다.**

산책은 더 좋은 결정을 내릴 수 있는 방법이기도 해. 미주리 대학의 연구원 앨런 블루돈은 550명의 대학생들을 대상으로 실험한 결과 앉아서 하는 회의가 의자 없는 회의보다 34%나 더 오래 걸리며, 서서 결정하는 것이 '결정의 질'도 높인다는 걸 발견했어.

어때? 바쁠수록 산책의 여유가 더 필요할 것 같지?

산책만큼 아이디어를 샘솟게 하는 게 또 있을까? 나도 산책하고 싶다.

**발명가 후지무라**
# 비누 재료를 버릴까, 말까?

할까 말까를 결정할 때 고민이 된다면, 고민할 시간을 아껴 실험을 해 보도록 하자. 실험을 하면 명확한 답이 나오기 마련이란다.

한 비누 공장에서 있었던 일이야. 직원들이 모두 식사하러 나간 점심시간이었어. 한 직원이 홀로 남아 비누를 끓이는 큰 통을 지키는 중이었지.

"하암, 왜 이렇게 졸리지?"

직원은 졸음을 참지 못하고 잠이 들어 버렸어. 비누는 부글부글 끓다 못해 넘쳐 흘렀고, 한 달 동안 비누를 만들 수 있을 만큼의 비누 재료가 엉망

진창 거품투성이가 되고 말았지.

"맙소사, 이제 어쩌지? 이 재료를 다 버려야 하나?"

사장인 후지무라는 재료를 버려야 할지, 말아야 할지 결정해야 했어.

'이걸 다 버리면 우리 회사가 휘청거리겠지. 하지만 버리지 않는다면 이걸로 무얼 하겠어?'

후지무라는 머리가 복잡했어. 아무리 생각해도 답이 나오지 않았거든. 결국 후지무라는 재료를 모아 실험실로 가져갔어.

"버릴지 말지는 실험해 보고 결정하자!"

후지무라는 이렇게도 실험하고, 저렇게도 실험하며 밤을 꼬박 새웠어.

"어라? 거품을 굳혀서 비누로 만드니 거품이 더 잘 나네? 게다가 가벼워서 물에도 잘 뜨잖아?"

새로운 사실을 발견한 후지무라는 가벼운 비누를 만들어 냈어. 사람들은 새 비누를 무척 좋아했어.

"이 비누만 있으면 목욕탕에서 비누를 잃어버리지 않을 거야."

후지무라가 직접 실험을 해 보지 않았다면 그 재료를 버려야 할지 써도 될지 알 수 없었을 거야. 할까 말까를 결정할 때 고민이 된다면, 고민할 시간을 아껴 실험을 해 보도록 하자. 실험을 하면 명확한 답이 나오기 마련이란다.

### 발명가 킹 질레트
# 선택의 폭을 좁혀라!

질레트는 오직 일회용품에 초점을 맞추고 생각에 빠졌어. 선택의 폭을 철저하게 좁힌 거야. 그렇게 하자 쓸데없는 고민을 대부분 털어 낼 수 있었어.

"너 먹고 싶은 걸로 골라."

이런 말을 들었을 때 한식을 먹을지, 양식을 먹을지, 중식을 먹을지 고민해 본 적 있니? 고를 게 너무 많으면 뭘 골라 먹어야 할지 결정을 내리지 못할 때가 있단다.

킹 질레트는 새로운 사업을 시작하려고 했어. 하지만 도대체 무슨 사업을 해야 할지 알 수가 없었어. 그 때 친구 윌리엄 페인터가 말했어.

"여러 가지에 신경 쓰지 마. 하나에만 모든 걸 집중하라고, 친구."

"뭐에 집중해야 하는데?"

"맥주병의 뚜껑처럼 한 번 쓰고 버리는 것에 집중해 봐."

"한 번 쓰고 버리는 것? 그거 괜찮은데!"

질레트는 오직 일회용품에 초점을 맞추고 생각에 빠졌어. 선택의 폭을 철저하게 좁힌 거야. 그렇게 하자 쓸데없는 고민을 대부분 털어 낼 수 있었어.

자장면이냐, 짬뽕이냐~ 뭘 고르지?

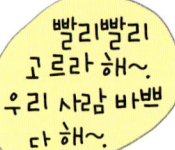
빨리빨리 고르라 해~ 우리 사람 바쁘다 해~

질레트는 매일매일 한 번 쓰고 버리는 것에 대해 생각했어. 그러던 어느 날, 무딘 일자 면도기로 면도를 하던 질레트는 머릿속을 번개처럼 가로지르는 생각에 무릎을 탁 쳤어.

'맞아, 어른 남자들은 매일 면도를 해. 그런데 면도칼로 면도를 하다 보면 얼굴에 상처가 나기 쉬워. 안전하게 면도해 줄 칼날이 있으면 좋겠어.'

질레트는 곧 일회용 면도기와 그에 맞는 면도날을 만들기로 결정했어. 그리하여 손잡이가 있고, 두 개의 금속판에 칼날을 고정시킨 이중으로 된 날카로운 금속 면도날을 만들어 냈어. 그 후, 기술을 보태어 대 히트 상품인 질레트 면도기를 탄생시켰어.

우유부단함을 줄이려면 선택의 폭을 좁혀야 해. 선택의 폭이 좁아지면 질레트처럼 결정을 내리기가 더 쉬워진단다.

**발명가 빌 바워만**
# 육상 선수가 바라는 운동화

목마른 사람에게는 물이 필요해. 배고픈 사람에게는 음식이 필요해. 추운 사람에게는 두꺼운 옷이 필요해. 이처럼 상황에 따라 필요한 게 달라지지.

목마른 사람에게는 물이 필요해. 배고픈 사람에게는 음식이 필요해. 추운 사람에게는 두꺼운 옷이 필요해. 이처럼 상황에 따라 필요한 게 달라지지.

운동화 회사인 나이키의 창립자인 빌 바워만은 육상 선수 출신이었어. 그래서 육상 선수가 바라는 신발이 무엇인지 잘 알고 있었어. 게다가 지금까지의 운동화에 어떤 단점이 있는지도 잘 알고 있었어. 빌 바워만은 여기에 생각을 집중했어.

'지금까지의 운동화는 너무 무겁고 딱딱해. 운동화는 가볍고 편안한 것이 가장 중요해.'

빌 바워만은 무거움과 딱딱함을 가벼움과 부드러움으로 바꾸려고 했어. 운동할 때도, 밥 먹을 때도, 화장실에서 힘을 줄 때도 늘 어떻게 하면 가벼운 운동화를 만들까 고민했어.

그러던 어느 날이었어. 아침식사로 와플을 먹던 중, 와플의 우묵하게 들어간 십자형 모양이 빌 바워만의 눈에 쏙 들어왔어.

"운동화 바닥을 와플처럼 만들면 어떨까? 그럼 밑창이 더 가볍고 부드러워질 거야."

그렇게 탄생한 게 와플 운동화야. 사람들은 너도나도 와플 운동화를 사 신었어. 나이키는 라이벌이었던 아디다스를 가볍게 따돌리고 운동화계의 일인자가 되었단다. 어떤 게 문제이고, 어디에 집중해야 할지 정확히 파악하고 있었기 때문에 이룬 성과였어.

'가장 큰 문제는 뭘까?'

'어디에 집중할까?'

이렇게 가장 중요한 문제를 정하는 버릇을 들이면 결정을 내릴 때 큰 도움이 된단다.

발명가 빅터 세리브리아코프
# 생각이 결과를 결정한다!

생각은 결과를 결정하는 힘을 갖고 있어. 긍정적으로 생각하면 좋은 일이, 부정적으로 생각하면 나쁜 일이 생기지.

영국의 어떤 학교에서 있었던 일이야. 학기 초에 '우수한 반' 아이들이 '우둔한 반'으로, '우둔한 반' 아이들이 '우수한 반'으로 컴퓨터에 잘못 입력되는 사건이 생겼어. 이 일은 5개월 뒤에야 밝혀졌지. 학교에서는 이 사실을 비밀로 부치고 전체 시험을 치렀어. 그러자 원래 우수했던 아이들의 성적은 크게 떨어졌고, 우둔했던 아이들의 성적은 크게 올랐단다.

선생님들이 원래 '우수한' 아이들을 우둔하게 여기자, 아이들은 자기들을 우둔하다고 생각했어. 그래서 성적이 떨어졌지. 반대로 선생님들이 '우둔한' 아이들을 우수하게 여기고 대우하자, 아이들은 자기들이 우수하다고 여기게 되었단다. 그래서 성적이 오른 거야.

'난 우수해.' 하고 긍정적으로 생각하면 공부를 더 잘할 수 있어. '난 우둔해.' 하고 부정적

으로 생각하면 공부를 더 못 하게 되지.

　국제 천재 클럽 회장을 지낸 빅터 세리브리아코프는 어렸을 때 공부를 잘하지 못했어.

　빅터는 결국 학교를 그만두고 일찌감치 일터에 뛰어들었어. 그러나 빅터는 어디서든 제대로 일을 해내지 못했어.

　"왜 내 머리는 이 모양이지? 왜 난 이렇게 모자란 거야?"

　하지만 학교를 나온 뒤 17년이 지난 어느 날, 빅터는 우연히 아이큐 검사를 하게 되었어. 그리고 자신의 아이큐가 160이 넘는다는 걸 알게 되었단다.

　이 때부터 빅터의 삶은 바뀌었어. 빅터는 자기가 천재라는 데 자신감을 얻었어. 그는 책을 썼고, 여러 가지 특허품을 냈고, 사업가로도 큰 성공을 거두었어.

　생각은 결과를 결정하는 힘을 갖고 있어. 긍정적으로 생각하면 좋은 일이, 부정적으로 생각하면 나쁜 일이 생기지. 언제나 좋은 쪽을 바라보고 좋은 쪽으로 생각하는 긍정의 힘은 미래에 일어날 일들을 밝고 희망찬 결과로 이끌어 준단다.

**발명가 제임스 스팽글러**

# 먼지를 잡아라!

함부로 싫은 결정을 해서는 안 돼. 다른 방법이 없는지 곰곰 생각해야 한단다. 그러다 보면 새로운 방법이 생각나 분명 더 나은 결정을 내릴 수 있게 될 거야.

제임스 스팽글러는 먼지를 너무너무 싫어하는 사람이었어.

스팽글러는 지독한 천식 환자였어. 먼지가 있는 곳에서는 콜록콜록 쉴새없이 기침이 터져 나왔지. 그런데 스팽글러의 직업이 뭐였는지 알아? 바로 백화점 청소부였단다.

"콜록, 콜록, 이놈의 먼지, 에취, 훌쩍!"

청소를 할 때마다 기침이 나니 정말 죽을 맛이었어.

스팽글러는 좋은 방법이 없을까 곰곰 생각한 끝에, 아이디어를 하나 생각해 냈어.

"먼지를 빨아들이는 청소기를 만들면 어떨까? 먼지가 날리지 않고 청소기 속으로 쏙 들어오면 정말 편리할 거야."

스팽글러는 당장 진공청소기를 발명하기로 결정했어. 스팽글러는 연구 끝에 양철통과 선풍기, 베개 주머니, 빗자루로 간단한 진공청소기를 만들어 냈단다. 선풍기 모터가 먼지를 빨아들여 베개 주머니에 먼지를 담는 청소기였어.

"휘휘, 호호~, 야호! 이젠 청소하면서 휘파람까지 불 수 있을 정도야."

스팽글러의 결정은 성공이었어. 진공청소기 덕에 스팽글러는 일을 하면서도 기침을 하지 않게 되었어. 게다가 나중에는 더 훌륭한 진공청소기를 만들어 주위에 팔게 되었어.

어떤 문제가 생겼을 때 선택할 수 있는 방법이 딱 하나뿐인 것처럼 보일 때가 있어.

'방법이 없으니 할 수 없지, 뭐.'

이렇게 생각하며 함부로 싫은 결정을 해서는 안 돼. 다른 방법이 없는지 곰곰 생각해야 한단다. 그러다 보면 새로운 방법이 생각나 분명 더 나은 결정을 내릴 수 있게 될 거야. 스팽글러가 번뜩 진공청소기를 생각해 낸 것처럼!

실 / 천 / 하 / 기

# 발명가가 되고 싶니?

발명가는 머리에서 반짝반짝 아이디어가 나오는 사람이야.

차가 막힐 때 보통 사람은 "에이, 왜 이렇게 막히지?" 하고 투덜대. 하지만 발명가의 기질을 가진 사람은 "하늘을 나는 차를 발명하면 좋을 텐데." 하고 생각한단다. 초콜릿이 손에 묻으면 보통 사람은 "이게 뭐야, 불편해!" 하고 눈살을 찌푸리지만, 발명가는 "손에 묻지 않는 초콜릿을 만들 수 없을까?" 하고 생각한단다. 발명가는 특별한 사람만 되는 게 아니야. 누구나 노력하면 멋진 발명품을 생각해 낼 수 있지. 함께 멋진 발명을 하는 법을 알아보자!

## 멋진 발명을 하는 법

### ① 재질을 바꾸어 보자!

천을 비닐로 바꾼다면? 유리를 종이로 바꾼다면? 이렇게 바꾸다 보면 멋진 발명품이 탄생하게 돼. 종이컵은 유리를 종이로 바꾸어 만들어졌고, 비닐봉지는 천을 비닐로 바꾸어 만들어졌어.

### ② 이거랑 저거를 더하자!

지우개와 연필을 더하면 지우개 달린 연필이 돼. 운동화와 바퀴를 더하면 롤러블레이드가 돼. 시계와 라디오를 더하면 시계 겸용 라디오가 돼. 너도 전혀 다른 두 가지를 더해 새로운 발명품을 만들어 보렴.

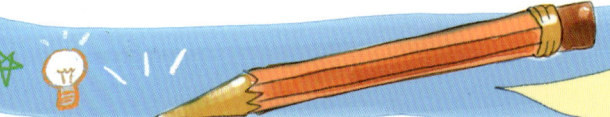

나도 알고 보면 멋진 발명품이라고!

③ 다른 것에 응용하자!

'이걸 저기에 쓰면 어떨까?' 하고 생각하다 보면 재미난 발명품을 만들 수 있어. '장미 가시를 울타리로 쓰면 어떨까?' 하는 생각이 가시철조망을 만들었고, '도꼬마리 가시를 테이프로 쓰면 어떨까?' 하는 생각이 벨크로 테이프, 일명 찍찍이를 만들었단다. 오늘날 찍찍이는 신발, 가방, 옷 등 여러 곳에 쓰이고 있어.

④ 빼기를 하자!

빼기는 새로운 발명품을 만드는 멋진 방법이란다. 과일 주스에서 설탕을 빼면 무가당 과일 주스가 돼. 장갑에서 손가락 구멍을 빼면 벙어리장갑이 되지.

# Determina
# enterpriser

Determination

#3 기업가

enterpriser
Determination

021 리 아이아코카 _ 종이에 문제를 적는 습관
022 잭 웰치 _ 꼬리를 자르는 지혜
023 스티브 잡스 _ 미래로 향하는 결정
024 존 스컬리 _ 뱁새가 황새 따라가지 마라!
025 혼다 소이치로 _ 생각을 열어 놓고 의견을 듣자!
026 줄리어스 로이터 _ 비둘기를 우체부로 이용한 엉뚱한 남자
027 로버트 우드러프 _ 코카콜라를 5센트에 판 사나이
028 짐 버크 _ 돈보다 큰 믿음
029 케몬스 윌슨 _ 아이디어만으로는 소용없어!
030 제프 베조스 _ 후회하지 않을 선택
실천하기 _ 기업가가 되고 싶니?

## 021

**기업가 리 아이아코카**
# 종이에 문제를 적는 습관

메모를 해서 비교하면 생각을 정리할 수 있고, 더 정확히 문제점을 파악할 수 있어. 어떤 것을 고를 때에도 결정이 더 쉬워지지.

학교에 가기를 너무 싫어하는 친구가 있다고 생각해 봐. 이 친구에게 물었어.

"학교에서 어떤 문제가 있니?"

"음, 잘 모르겠어……. 그냥 가기 싫어, 다 싫다."

이런 식의 흐리멍텅한 대답을 하는 사람들이 꽤 많아. 어떤 것이 문제인지 파악하는 능력이 부족하기 때문이야. 그러나 문제를 해결하기 위해서는 문제의 원인을 알아야만 해.

"짝꿍 선화는 화를 잘 낸다."

"선생님이 문제 풀어 보라고 시키는 게 싫어."

이런 식으로 문제를 분명히 말해야 해결책을 찾을 수 있단다.

전 크라이슬러 사장인 리 아이아코카는 다 쓰러져 가는 크라이슬러를 일으켜 세운 기업인이야. 아이아코카는 초등학교에 다닐 때에 이미 메모하는 습관을 지니고 있었어. 반짝이는 생각이 떠오르면

종이에 적어 선생님께 보여드리곤 했지.

아이아코카는 메모를 통해 생각을 더 잘 정리할 수 있었어. 메모를 하면 문제를 더 정확히, 논리적으로 볼 수 있었거든.

"생각을 글로 적으면 세부 사항을 파고들 수 있습니다. 대화를 할 때에는 모호한 부분과 말이 안 되는 부분이 있어도 종종 깨닫지 못한 채 그냥 지나칠 수 있지요."

아이아코카는 이렇게 말하며 메모의 중요성을 강조했단다.

머리로만 생각하다 보면 생각이 엉켜 머리가 지끈거리게 돼. 둘 이상의 것을 비교할 때에도 생각만으로 비교하면 장점과 단점을 정확히 파악하기 어려워. 이럴 때 메모를 해서 비교하면 생각을 정리할 수 있고, 더 정확히 문제점을 파악할 수 있어. 어떤 것을 고를 때에도 결정이 더 쉬워지지.

결정을 내려야 할 때가 오면 수첩과 펜을 꺼내 들자!

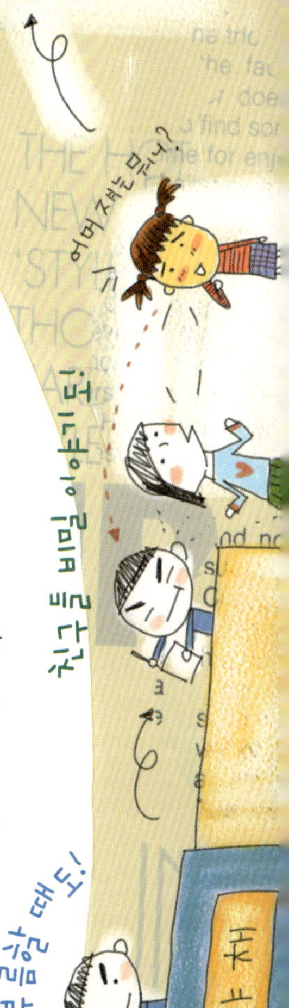

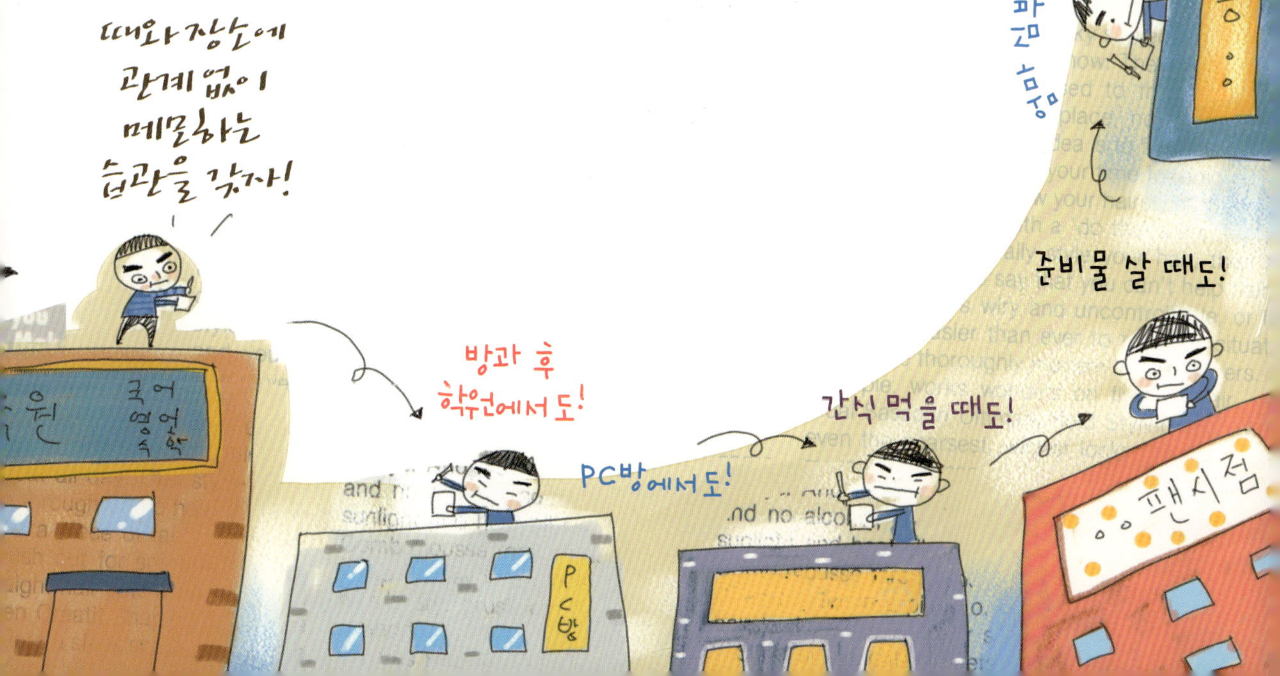

대화장소에 관계없이 메모하는 습관을 갖자!

방과 후 학원에서도!

PC방에서도!

간식 먹을 때도!

준비물 살 때도!

## 022

**기업가 잭 웰치**
# 꼬리를 자르는 지혜

'지금까지 이렇게 해왔으니까.' 라는 생각에 얽매여 나태한 결정을 해서는 안 돼. 익숙하고 편안하다고 옳은 결정인 건 아니니까. 잘못된 건 버려야 해.

숲에서 도마뱀이 놀고 있었어. 그 때 사나운 고양이가 나타났어. 깜짝 놀란 도마뱀은 도망을 쳤어. 도마뱀은 "아이고, 나 살려라. 꼬리를 끊어야겠다!" 하며 꼬리를 뚝 끊고 풀숲으로 숨었어. 꿈틀거리는 꼬리를 보고 도마뱀이라고 착각한 고양이는 결국 진짜 도마뱀을 놓치고 말았지. 그 후 꼬리를 끊고 도망친 도마뱀에게는 새 꼬리가 자랐어. 도마뱀은 전처럼 자유롭게 숲에서 살아갔지.

때로 우리는 단호히 버리는 결정을 해야 해. 버림으로써 새로운 앞날이 찾아올 수 있단다.

미국의 종합 가전 대기업인 제너럴 일렉트릭(GE)의 전 회장 잭 웰치는 버리는 지혜를 발휘했어. 잭 웰치는 GE의 최고경영자가 되자 '세계 1, 2위 사업만 남기고 모두 버린다.'는 중대한 결정을 내렸어. 미래가 보이는 사업은 키웠고, 미래에 좋은 성과를 내지 못할 것 같은 사업은 중단했어.

"고쳐라! 팔아라! 아니면 사업장의 문을 닫아라!"
잭 웰치는 이렇게 외치며 도마뱀 꼬리를 자르듯 필요 없는 사업을 정리했어.
"세계에서 1, 2위를 해야 한다!"
잭 웰치의 목표는 분명했어. 그의 노력으로 쓸데없이 덩치만 커져 있던 GE는 혁신적인 세계 최고의 기업이 되었지.
'지금까지 이렇게 해왔으니까.'라는 생각에 얽매여 나태한 결정을 해서는 안 돼. 익숙하고 편안하다고 옳은 결정인 건 아니니까. 잘못된 건 버려야 해. 꼬리를 자르고 도망치는 도마뱀처럼 말이야.

**기업가 스티브 잡스**

# 미래로 향하는 결정

과거를 돌아보느라 미래를 생각하지 못하고 있지는 않니? 우리는 더 나은 미래를 생각하며 결정하고 나아가야 한단다. 애플의 신화, 스티브 잡스처럼!

너는 과거가 중요하다고 생각하니, 미래가 중요하다고 생각하니? 애플 컴퓨터를 만든 스티브 잡스는 미래를 계획하는 사람이야.

잡스는 젊었을 적 지저분한 창고에서 친구와 함께 개인용 컴퓨터를 만들기로 결정했어.

"미래에는 개인용 컴퓨터 시대가 열릴 거야."

잡스는 곧 세계 최초의 개인용 컴퓨터 애플을 만들어 냈고, '애플'이라는 회사를 차려 무럭무럭 키웠어. 그러나 또 다른 컴퓨터 회사의 추격을 받아 애플 사가 어려워지자, 잡스는 자신의 회사에서 해고당하는 아픔을 겪었어. 애플 사는 잘못된 원인을 따지며 냉정하게 말했어.

"당신의 잘못을 책임지고 물러나세요."

잡스는 자기가 키운 회사에서 쫓겨났지만 절망하지 않았어. 그는 과거에 매달리는 대신 미래를 향해 새로운 결정을 내렸어.

"새로운 사업을 시작하자. 미래에는 3D 애니메이션의 시대가 올 거야."

잡스는 픽사 영화사를 차려 〈토이 스토리〉, 〈인크레더블〉 등을 만들며 성공을 거두었어.

그럼 잡스를 쫓아 낸 애플은 어떻게 되었을까? 애플은 마이크로소프트에 밀려나며 쩔쩔맸어. 잡스를 쫓아 내기 전보다 더 나빠지고 말았지. 애플은 13년 만에 잡스에게 도움을 요청했어! 잡스는 당당히 애플로 돌아갔어.

"애플의 미래는 새로운 컴퓨터에 있어!"

잡스는 새로운 컴퓨터를 개발하기로 결정했어. 그리고 현대식 인터넷 전용 컴퓨터 아이맥으로 애플의 새바람을 불러일으켰어!

과거를 돌아보느라 미래를 생각하지 못하고 있지는 않니? 우리는 더 나은 미래를 생각하며 결정하고 나아가야 한단다. 애플의 신화, 스티브 잡스처럼!

## 024

기업가 존 스컬리

# 뱁새가 황새 따라가지 마라!

펩시가 바란 건 '더 많은 펩시를 파는 것'이었어. 만약 펩시가 코카콜라처럼 새로운 디자인을 만드는 데에만 집착했다면 펩시의 성공은 없었을 거야.

'콜라' 하면 떠오르는 콜라는 두 가지야. 코카콜라와 펩시콜라! 하지만 처음에 펩시는 코카콜라와 비교도 안 되는 작은 회사였어. 콜라가 황새라면 펩시는 뱁새밖에 안 됐지.

"펩시가 뒤쳐진 건 다 용기 디자인 때문이야. 코카콜라보다 더 멋진 디자인을 만들면 펩시가 더 잘 팔릴 텐데……."

펩시의 경영진은 코카콜라처럼 멋진 병을 만들기로 결정하고, 엄청난 돈을 쏟아 붓기로 했어. 그 때, 펩시의 광고 담당 부장이었던 존 스컬리는 고개를 갸웃거렸어.

"디자인을 바꾸면 더 많이 팔릴 거라고? 글쎄, 그럴까?"

존 스컬리는 조사를 했어. 그리고 펩시콜라 세 병을 사 가지고 간 사람이나, 열 병을 사 가지고 간 사람이나 결국은 다음 번 장을 보러 오기 전에 다 마신다는 걸 알아 냈어. 스컬리는 주저 없이 새로운 결정을 내렸어.

"펩시에게 필요한 건 코카콜라보다 멋진 디자인이 아니라, 더 많은 펩시를 파는 겁니다."

스컬리는 보통 크기보다 더 큰 용기의 콜라병을 만들게 했어. 그리고 여러 개의 병을 한꺼번에 들 수 있도록 만든 플라스틱 손잡이를 도입했어. 그러자 놀라운 일이 벌어졌어. 펩시의 판매량이 늘기 시작한 거야.

만약 펩시가 코카콜라처럼 새로운 디자인을 만드는 데에만 집착했다면 펩시의 성공은 없었을 거야.

'뱁새가 황새를 따라가다 가랑이만 찢어지느니, 뱁새만의 장점을 찾겠다.'라고 생각한 스컬리의 합리적인 결정을 기억하자.

그 후 펩시는 코카콜라에 버금가는 음료수 회사로 성장했고, 스컬리는 펩시의 사장이 되었단다.

### 기업가 혼다 소이치로
# 생각을 열어 놓고 의견을 듣자!

혼다 소이치로는 생각을 열어 놓고 영업사원들의 말에 귀를 기울였어. 결정을 내릴 때는 마음을 열고 의견을 듣자. 때로는 더 좋은 의견이 있다면 결정을 바꾸는 유연함도 필요하단다.

1959년, 일본의 오토바이 회사 혼다는 미국에 '아메리칸 혼다 모터스'라는 회사를 차리고 대형 오토바이를 팔기로 했어.

'미국은 지금 대형 오토바이가 인기야. 우리도 미국에서 대형 오토바이를 만들어 팔자!'

혼다는 이렇게 생각하고 로스엔젤레스에 터를 잡았어. 하지만 일본 제품에 대한 미국인들의 반응은 무척 나빴어.

"일본 제품? 우리 나라 제품을 베낀 거잖아?"

이 때 재밌는 일이 벌어졌어. 사람들이 혼다 영업사원들이 타고 다니는 소형 오토바이에 관심을 보이기 시작한 거야.

"그 소형 오토바이는 얼마요? 기름 적게 들겠는걸?"

혼다 영업사원들은 이 사실을 일본의 본사에 알렸어. 그러자 혼다 소이치로는 이런 결정을 내렸어.

"좋소. 대형 오토바이 대신 소형 오토바이를 크게 광고합시다."

혼다의 소형 오토바이에 미국 사람들은 열광했어. 그 후 약 4년 동안 미국에서 판매되는 오토바이의 반 정도가 혼다의 소형 오토바이였을 정도야. 혼다 소이치로의 용기 있는 결정이 낳은 결과였지. **만약 보통의 사장이었다면 영업사원의 말만 듣고 오랫동안 공들여 세운 전략을 바꾸려고 하지 않았을 거야.** 하지만 혼다 소이치로는 마음을 열어 놓고 영업사원들의 말에 귀를 기울였어. 그리고 공들여 준비하던 전략을 단호히 포기했지.

결정을 내릴 때는 마음을 열고 의견을 듣자. 때로는 더 좋은 의견이 있다면 결정을 바꾸는 유연함도 필요하단다.

**기업가 줄리어스 로이터**

# 비둘기를 우체부로 이용한 엉뚱한 남자

세계 5대 통신사의 하나인 로이터 통신의 발판이 된 건 '비둘기를 이용하자.' 라는 기발한 생각이었어. 언젠가 너의 기발한 생각이 네 인생을 바꿀 멋진 결정으로 이어질지 몰라!

　　로이터는 전세계에 거미줄 같은 정보망을 갖고 있는 커다란 회사야. 로이터 통신은 신속하게 새로운 뉴스와 정보를 모아 세계 곳곳의 언론사에 파는 일을 한단다. 언론사들은 정보를 제공받은 대가로 로이터 통신에 돈을 지불하지.
　　그렇다면 로이터 통신은 언제 처음 생겼을까?
　　지금으로부터 150여 년 전, 줄리어스 로이터라는 사람이 있었어. 그 시절 벨기에와 독일 사이에는 아직 전산망이 연결되어 있지 않아서 두 나라 사이의 정보 교환이 무척 느렸어. 로이터는 바로 이 점에 착안을 했어.

"사람들은 비싼 돈을 내고서라도 보다 빠르고 보다 확실한 정보를 원할 거야."

　　이 때에는 주식이 크게 유행했는데, 누가 결정적인 정보를 빨리 얻느냐에 따라 주식 시장에서 큰돈을 벌 수 있었어. 로이터는 이 점을 잘 알고 있었어.
　　"어떻게 해야 정보를 남보다 빠르게 전달할 수 있을까?"
　　이 때 로이터가 어떤 결정을 내렸는지 아니?

## 멋진 결정을 내리는 방법

기발하고 엉뚱한 생각이 어려운 결정을 할 때 때론 도움이 된단다!

### "비둘기 다리에 정보를 묶어서 보내자!"

로이터는 비둘기 우체부를 이용해 벨기에에서 넘어온 최신 뉴스를 독일에서 받아 보았어. 사람들은 너도나도 비둘기가 가져온 뉴스를 사려고 했어. 로이터는 금세 많은 돈을 벌었지. 이 성공을 바탕으로 로이터는 영국으로 옮겨갔고 언론사들에게 정보를 팔기 시작했어. 로이터의 새 정보와 최신 뉴스는 큰 인기를 끌었어. 로이터는 갈수록 성장했고, 나중에는 세계 곳곳에서 일어나는 정보를 전 세계 언론사에 파는 커다란 회사가 되었단다.

세계 5대 통신사의 하나인 로이터 통신의 발판이 된 건 '비둘기를 이용하자.'라는 기발한 생각이었어. 기발하게, 엉뚱하게 생각하자! 언젠가 너의 기발한 생각이 네 인생을 바꿀 멋진 결정으로 이어질지 몰라!

### 기업가 로버트 우드러프
# 코카콜라를 5센트에 판 사나이

결정을 내릴 때, 눈앞의 작은 손해 때문에 망설이고 있지는 않니? 더 멀리, 더 크게 생각해 보렴. 당장은 손해를 보더라도, 나중에는 이익을 볼 수 있는 결정을 해야 한단다.

코카콜라를 알고 있지? 만약 모른다고 한다면 단박에 이런 소리를 들을 거야.

"너, 어느 별에서 왔니?"

코카콜라는 1초에 4만 병씩 소비되고 있을 만큼 전세계적인 음료수야.

코카콜라가 전세계로 뻗어 나갈 수 있었던 이유가 뭔지 아니? 바로 제2차세계대전이었단디. 미국이 제2차세계대전에 참여하게 되자, 코카콜라의 사장 로버트 우드러프는 이런 결정을 내렸어.

"이제부터 모든 미군 병사에게 5센트만 받고 콜라를 팔겠다. 우리 회사가 얼마나 손해를 입든 그 약속은 꼭 지킬 것이다!"

우드러프의 결정은 커다란 손해 같았어. 콜라를 만드는 돈, 외국으로 옮기는 돈을 다 합하면 5센트로는 어림도 없었거든.

하지만 코카콜라는 약속을 지켰어. 코카콜라는 미군과 함께 전쟁터로 가, 그 곳에 간이 콜라 제조 공장을 세워 코카콜라를 만들었어. 미군 병사들은 열광했어!

"먼 외국에서 코카콜라를 마실 수 있다니, 고향에 온 것 같아!"
전쟁이 끝날 때쯤, 코카콜라는 해외에 63개의 공장을 갖게 되었단다.

코카콜라는 공장을 세우고 원료를 나르느라 손해를 보았어. 하지만 그 대가로 돈으로 살 수 없는 이득을 얻었어. 우드러프의 결정은 수많은 코카콜라 팬을 만들어 냈고, 코카콜라의 이름을 전세계 사람들의 머릿속에 각인시켰단다. 작은 손실로 더 큰 것을 얻게 된 거야.

결정을 내릴 때, 눈앞의 작은 손해 때문에 망설이고 있지는 않니? 더 멀리, 더 크게 생각해 보렴. 당장은 손해를 보더라도, 나중에는 이익을 볼 수 있는 결정을 해야 한단다.

## 028

**기업가 짐 버크**
# 돈보다 큰 믿음

잊지 마. 돈은 다시 벌 수 있지만, 한 번 잃은 믿음은 되찾기가 어려워. 믿음을 저버리는 결정은 '언 발에 오줌 누기' 일 뿐, 좋은 결정이 아니란다.

"맙소사! 타이레놀을 먹고 사람이 죽었어요!"

이 무시무시한 일이 벌어진 건 1982년의 일이야. 이 때 시카고에서 7~8명이나 되는 사람들이 타이레놀을 먹고 쓰러져 죽었어.

이 사건은 곧 어떤 정신병자의 소행으로 밝혀졌어. 조금만 먹어도 죽는 청산가리를 타이레놀 캡슐에 넣었던 거야. 타이레놀의 회사인 존슨앤존슨은 발칵 뒤집혔어. 이 일을 어떻게 해야 할까!

존슨앤존슨은 "독극물 사건은 한 미치광이의 소행이었습니다. 타이레놀에는 아무 문제가 없습니다." 하고 넘어갈 수도 있었어. 하지만 존슨앤존슨은 어물쩍 넘어가지 않았어.

존슨앤존슨의 회장 짐 버크는 이 사건을 회사의 행동 기준에 맞추어 행동했어. 짐 버크의 무기는 원칙과 솔직함이었어. 짐 버크는 직접 텔레비전에 나가 상황을 설명하고 문제를 찾았어.

"미치광이의 소행이었지만, 타이레놀이 캡슐로 되어 있지 않았다면 이번 일을 막을 수 있었을 것입니다."

버크는 과감한 결정을 내렸어.

"우리는 지금까지 팔린 타이레놀을 모두 회수하겠습니다."

짐 버크는 미국 전역으로 팔려 나간 타이레놀을 모두 회수하였고, 다음부터 그런 일이 벌어지지 않도록 타이레놀 캡슐을 모두 알약으로 바꾸었단다. 이렇게 하는 데는 엄청난 돈이 들어갔어. 이만저만 손해가 아니었지. 하지만 손해를 겪으면서도 끝끝내 원리와 원칙을 지키는 모습은 전국의 소비자들에게 '저 회사는 믿을 수 있어.' 하는 믿음을 주었어.

버크의 결정으로 존슨앤존슨은 전보다 더 큰 신뢰를 얻게 되었어. 잊지 마. 돈은 다시 벌 수 있지만, 한 번 잃은 믿음은 되찾기가 어려워. 믿음을 저버리는 결정은 '언 발에 오줌 누기'일 뿐, 좋은 결정이 아니란다.

029

기업가 케몬스 윌슨
## 아이디어만으로는 소용없어!

실현 불가능한 아이디어는 진정한 아이디어가 아니야. 진짜 좋은 아이디어는 실현될 수 있는 아이디어란다.

"먹으면 슈퍼맨으로 변하는 약을 만들 거야."
"돌멩이를 금으로 만드는 마법 지팡이를 만들 거야."
이런 아이디어는 실현되기 어려워. 진짜 좋은 아이디어는 실현될 수 있는 아이디어란다.

1952년 여름, 윌슨이라는 한 건축업자가 가족들과 함께 자동차 여행을 시작했어. 그런데 밤이 되어 모텔에 찾아 들어가면, 그 때부터 불만이 터져 나왔어.
"이 더러운 방 좀 봐."
"침대가 모자라요."
"방값이 너무 비싸잖아."
이 여행에서 윌슨은 한 가지 결정을 내리게 되었어.
'바닷가를 잇는 길에 400개의 호텔을 세우겠어. 그럼 여행자들이 매일 밤 쾌적하고 깨끗한 내 호텔에서 묵어 갈 거야.'
윌슨은 가족 여행을 하는 내내 필요한 서비스가 무엇인지 생각해 보았어.
'객실 요금은 저렴해야 해. 가족 중 아이들 값은 받지 말아야 해.'

'식당은 꼭 있어야 해.'

'방마다 텔레비전, 전화기, 냉장고를 두어야 해.'

윌슨은 생각만으로 멈추지 않았어. 다음 해에 최초로 모텔 '홀리데이 인'을 세웠지. 홀리데이 인은 선풍적인 인기를 끌었고, 윌슨이 은퇴할 때에는 세계에서 가장 큰 숙박 체인이 되어 있었어.

**책상 속에 네 멋진 아이디어가 잠자고 있지는 않니? 아무리 근사한 아이디어라도 실현되지 못하면 소용없단다.**

'어떻게 하면 내 아이디어를 세상에 내놓을까?'

이런 생각이 나를 바꾸고 세상을 바꿔 놓을 거야.

기업가 제프 베조스
# 후회하지 않을 선택

새로운 선택의 기회가 왔을 때, 베조스처럼 '만약'을 따져보도록 하자. 앞날을 생각하고 더 멀리 바라본다면, 지금 어떻게 행동할지 더 분명히 결정할 수 있어.

"그 때 내가 왜 그랬을까?"

어른들이 이런 말 하는 거 한 번쯤은 들어 봤지?

사람들은 가끔 지난 세월을 돌아보며 그 때 다른 선택을 했어야 한다고 후회하곤 해.

제프 베조스는 뉴욕에서 가장 잘나가는, 투자 회사의 젊은 부사장이었어. 이 때 베조스는 이대로 일을 하며 살 것인가, 아니면 인터넷 사업에 뛰어들 것인가를 놓고 갈등하고 있었어. 베조스는 남들보다 앞서 폭발적인 인터넷 붐을 예상하고 있었단다.

급성장

"인터넷 사업은 이제 시작이야. 성공할지, 실패할지는 알 수 없지만 지금이야말로 기회인 건 확실해!"

베조스는 '만약'을 생각했어.

'만약 내가 이대로 투자회사에서 일하며 산다면 어떨까? 80세가 되었을 때, 내 삶을 돌아보고 만족할 수 있을까?'

베조스는 중얼거렸어.

"이대로 삶을 유지한다면 생활은 안정적일 거야. 하지만 지금 인터넷 사업에 뛰어들 기회를 놓친다면 나는 평생 이 때를 되돌아보며 후회할 거야. 인터넷 사업은 지금이 시작할 때야. 앞으로 인터넷 사업은 쭉쭉 성장할 거야."

베조스는 드디어 결심했어. 베조스는 직장을 박차고 나와 '아마존'이라는 인터넷 서점을 차렸어.

그리고 아마존은 단 몇 년 만에 돌풍을 일으켰어. 아마존은 엄청난 속도로 성장에 성장을 거듭했단다.

새로운 선택의 기회가 왔을 때, 베조스처럼 '만약'을 따져 보도록 하자. '만약 ○○한다면 어떻게 될까?' 하고 생각해 보면 결정을 하기 쉬워진단다.

앞날을 생각하고 더 멀리 바라본다면, 지금 어떻게 행동할지 더 분명히 결정할 수 있어.

미래를 바라보고 더 멀리 생각하고 결정하기!

77

실 / 천 / 하 / 기
# 기업가가 되고 싶니?

커다란 기업을 운영하는 사람이 되고 싶니? 아니면 기업의 중요한 사람이 되고 싶니? 그런데 되고 싶다고 그 꿈이 그냥 이루어질 수는 없어. 너 스스로 기업가가 되기 위한 노력을 기울여야 해. 기업가가 되기 위해서는 어떤 노력을 해야 할까?

## 기업가가 되기 위해 필요한 것

### ① 목표에 도전하자!

'나는 꼭 뜀틀 7단을 뛰고 말겠어!'
'이번에야말로 독후감 대회에서 상을 타겠어!'
평소에도 크고 작은 목표를 세워 도전하자.
세울 목표가 없다는 생각이 든다면 조용히 앉아 '내가 정말 바라는 일이 무엇일까?'를 생각해 보자. 기업가에게는 도전하는 정신이 꼭 필요하단다.

### ② 계획을 세우자!

목표를 세웠다면 그 목표를 이루기 위한 계획표를 짜야 해. 기업가가 되려면 멀리 보고

계획을 세울 줄 알아야 한단다.

계획표를 만들어 책상 앞에 붙여 놓자. 계획표는 앞으로 무얼 해야 할지를 알려 주고 계획성을 쑥쑥 키워 줄 거야.

### ③ 밀고 나가는 힘을 키우자!

뭐든 시작만 해 놓고 흐지부지 해 버리지는 않니? 기업을 끌고 나가는 사람이 되려면 신념을 갖고 앞으로 나아가야 해. '이거야!' 하는 확신이 들었을 때 "내 사전에 포기란 없어!" 하고 외치며 끝까지 밀고 나가는 힘이 필요하단다.

### ④ 친구의 이름을 외우자!

기업은 혼자서 이끌어 갈 수 없어. 다른 여러 사람들의 도움을 받아야 하지. 이럴 때 주변에 좋은 친구들이 많다면 큰 도움이 된단다. 친구를 사귀기 위해서 가장 먼저 할 일은 이름을 외워 부르는 거야.
'어? 쟤가 내 이름을 아네? 그럼 쟤 이름은 뭐지?'
서로의 이름을 안다는 건 매우 특별한 일이란다.

# Determination

## statesman

Determination

# #4 정치가

## statesman
### Determination

**031** 서희 _ 홀로 80만 대군을 물리치다!
**032** 마하트마 간디 _ 계획을 세워라!
**033** 콜린 파월 _ 직관의 힘을 믿어라!
**034** 오성 이항복 _ 친구 따라 강남 간다?
**035** 장 바티스트 콜베르 _ 정직한 선택
**036** 오토 폰 비스마르크 _ 결정에 대한 책임감
**037** 제갈공명 _ 나의 가치를 알아 주는 사람
**038** 윈스턴 처칠 _ 말더듬이에서 연설가로
**039** 벤자민 프랭클린 _ 삶을 행복하게 해 준 수첩
**040** 자공 _ 끊임없이 묻고, 끊임없이 생각한다!
실천하기 _ 정치가가 되고 싶니?

# 031

**외교가 서희**
# 홀로 80만 대군을 물리치다!

'적을 알고 나를 알면 백전백승이다.' 상대가 왜 그러는지 알게 되면, 상대에게도 좋고 나에게 유리한 결정을 할 수 있단다.

고려 시대의 일이야. 고려와 송나라 사이에 거란의 유민족이 세운 요나라가 있었어. 요나라는 송나라를 치기 전에 고려부터 밟아 놓으려고 했어. 요나라는 80만 대군을 이끌고 고려의 국경을 넘어왔어. 거란의 장수 소손녕은 고려에 '항복하고 평양 이북의 땅을 내놓아라. 그 땅은 본래 우리 요나라의 것이다.'라는 편지를 보냈단다.

편지를 받아본 고려의 성종과 신하들은 깜짝 놀라 달라는 땅을 주려고 했어. 이 때 외교관인 서희는 요나라의 입장이 되어서 그들이 왜 그런 요구를 했는지 생각해 보았어.

'내가 요나라의 왕이라고 생각해 보자. 요나라는 송나라를 치려고 해. 그런데 전쟁을 벌이자니 송나라와 친한 고려가 마음에 걸려. 그래서 먼저 고려를 눌러 놓으려 해. 하지만 송나라와 전쟁을 벌여야 하니 고려와 전쟁을 할 여유는 없어. 요나라가 바라는 건 고려와의 국교야.'

요나라의 마음이 보이자, 서희는 자기가 요나라를 막기로 결심했어. 서희는 소손녕이 있는 요나라의 진영으로 용감하게 찾아갔어. 그리고 이렇게 말했어.

"당신들이 달라는 땅은 본래 고구려의 것으로, 고려는 고구려를 이은 나라이니 고려의 것이 맞습니다. 우리 고려가 그 동안 요나라와 친하지 못한 건 여진족이 가로막고 있기 때문입니다. 여진족이 섬멸되고 길이 놓이면 고려는 요나라와 친하게 지낼 것입니다."

서희가 요나라와 친하게 지내겠다고 하자, 소손녕도 옳다구나 했어. 담판에 만족한 소손녕은 고려와 국교를 맺고 자기네 땅으로 물러갔단다. 서희가 '상대의 입장'을 정확히 파악했기에 이루어 낸 승리였지.

'적을 알고 나를 알면 백전백승이다.'

상대가 왜 그러는지 알게 되면, 상대에게도 좋고 나에게 유리한 결정을 할 수 있단다.

**정신적 지도자 마하트마 간디**
# 계획을 세워라!

목표와 계획은 결정의 지침표가 된단다. '이 일은 계획과 어긋나니 하지 말아야지.' 혹은 '이 일은 계획과 맞으니까 해도 되겠다.' 하고 생각할 수 있게 해 주지.

간디는 '위대한 영혼'이라는 뜻을 가진 '마하트마'라고 불리며 비폭력·무저항운동으로 영국으로부터의 독립을 이루어 낸 인도 건국의 아버지야.

간디가 태어났을 때, 인도는 이미 영국의 지배를 받고 있었어.

'인도인들이 왜 백인들에게 차별받아야 하지? 인도인들도 백인들과 똑같은 사람이야.'

간디는 하나의 목적을 가슴에 새겼어.

'세상에 진리를 구현하겠어.'

간디는 세상에 진리를 구현하기 위해 목표를 한 가지 세웠단다. 바로 '인도의 독립'이었어. 간디는 이 목표를 이루기 위해 비폭력·무저항운동을 계획했어.

\*영국 정부가 운영하는 영국 학교 대신 인도 사람이 세운 학교에 간다.
\*영국 정부 아래에서 관리로 일하지 않는다.
\*영국 정부에 소금세를 내지 않는다.
\*영국제 상품을 쓰지 않는다.

*영국제 옷감을 사 입는 대신 손수 짠 직물로 옷을 해 입는 자급자족을 한다.

간디는 자기가 세운 계획을 올곧게 실천했어. 수많은 인도인들이 그 계획을 따랐지. 영국 정부는 간디를 핍박했지만, 간디는 묵묵히 견디었어.

**간디의 분명한 목표 의식과, 목표를 이루기 위한 계획, 계획의 실천은 인도가 독립하는 데 커다란 힘이 되었단다.** 비폭력·무저항운동을 견디지 못한 영국 정부는 물러갔고, 인도는 완전한 독립을 얻게 되었어.

목표와 계획은 결정의 지침표가 된단다. '이 일은 계획과 어긋나니 하지 말아야지.' 혹은 '이 일은 계획과 맞으니까 해도 되겠다.' 하고 생각할 수 있게 해 주지. 너는 어떤 목표와 계획을 갖고 있니?

## 033

**국무장관 콜린 파월**

# 직관의 힘을 믿어라!

곰곰이 생각하는 건 좋은 습관이지만, 어중간한 정보를 갖고 있을 때에는 순간적으로 떠오르는 직관에 의지하는 편이 더 좋은 결과를 가져올 수 있어.

"이 빵이 맛있을까? 저 빵이 맛있을까?"

한 번도 먹어 보지 못한 빵 두 가지 중 하나를 결정해 사려고 할 때, 우리는 난처함에 빠지게 돼. 눈과 코로 정보를 모을 수 있지만, 그것만으로는 어떤 빵이 맛있을지 정확하게 알 수 없거든. 이런 때에는 직관으로, 가슴에게 물어 봐서 결정하는 수밖에 없어.

미국의 전 국무장관 콜린 파월은 이렇게 말했어.

"나는 인생에서 'P=40~70'이라는 공식을 자주 씁니다."

P는 성공 가능성, 40~70은 필요한 정보의 수준이야. 파월은 정보가 40퍼센트보다 적으면 결정을 내리지 않았어. 그리고 100퍼센트 완벽하고 확실한 정보를 얻을 때까지 기다리지도 않았어. 정보가 40퍼센트에서 70퍼센트까지 모이면 직관적으로 결정해 일을 추진했단다.

"100퍼센트 확실한 정보를 기다리지 마세요. 그럼 결정이 너무 늦어집니다."

파월은 가슴에 묻는 직관의 힘을 믿었어.

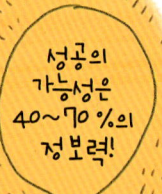

성공의 가능성은 40~70%의 정보력!

"직관의 힘"을 믿으세요

— 콜린 파월

어떤 사람들은 자기가 내린 결정이 잘못될까 봐 전전긍긍하여 정보를 100퍼센트 모으려고 해. 그러나 위험을 줄이려고 시간을 늦추다가는 늦어진 시간 때문에 오히려 위험이 늘어나는 일이 생긴단다. 현명한 사람은 정보를 보고 직관을 이용해 재빨리 결정을 내려. 결정에 대한 책임을 질 마음의 준비를 하고서.

곰곰이 생각하는 건 좋은 습관이지만, 어중간한 정보를 갖고 있을 때에는 순간적으로 떠오르는 직관에 의지하는 편이 더 좋은 결과를 가져올 수 있어.

**재상 오성 이항복**

# 친구 따라 강남 간다?

성격이 밝은 친구와 있으면 자기 성격도 밝아지고, 성격이 진지한 친구와 있으면 자기 성격도 진지해져. 공부를 열심히 하는 친구와 있으면 자기도 공부를 열심히 하게 돼.

오성과 한음은 어린시절부터 친구가 되어 형제보다 가깝게 지냈어. 둘은 툭하면 경쟁을 벌였어. 시루떡을 앞에 두고 '먼저 말하는 사람이 지는 시합'을 벌이다 밤을 새우는가 하면, 누가 더 용기 있는지 가리기 위해 귀신의 집으로 소문난 폐가에 다녀오는 시합을 벌이기도 했어.

둘은 장난뿐 아니라 공부에서도 서로 지기 싫어했어.

"이번 시험은 네가 잘 봤지만 다음 시험은 내가 잘 볼 거야."

둘 다 워낙 똑똑하고 성격이 비슷해 서로에게 최고의 라이벌이 되었어. 둘은 서로가 발전하도록 끊임없이 자극을 주고받았어.

과거 시험도 같은 해에 함께 붙었고, 벼슬길에도 앞서거니 뒤서거니 비슷하게 올랐어.

"조금만 기다려, 곧 네 자리까지 따라갈 거야."

오성이 먼저 1599년에 벼슬자리의 최고봉인 영의정에 올랐고, 그로부터 3년 뒤 한음이 영의정에 올랐단다.

두 사람은 서로에게 '심리적 전염'을 주는 가장 좋은 친구였어. '심리적 전염'이란 누군가의 생각이 가까이 있는 다른 사람에게 전염되는 거야.

　　성격이 밝은 친구와 있으면 자기 성격도 밝아지고, 성격이 진지한 친구와 있으면 자기 성격도 진지해져. 공부를 열심히 하는 친구와 있으면 자기도 공부를 열심히 하게 돼.

　　결정을 내려야 할 때, 이런 '심리적 전염'을 이용할 수 있어. 결정을 잘 내리지 못하는 친구들은 성격이 대체로 우유부단하고 쉽게 불안해해. '내가 이 결정을 내려서 잘못되면 어쩌지?' 하고 벌써부터 고민하지.

　　이런 사람은 밝고 긍정적인 친구를 가까이하는 게 좋아. 밝고 긍정적인 친구와 함께 있으면 긍정적인 '심리적 전염'이 일어나, 친구의 성격이 너에게 전염되거든.

　　'친구 따라 강남 간다.'는 말이 괜히 나온 게 아니지?

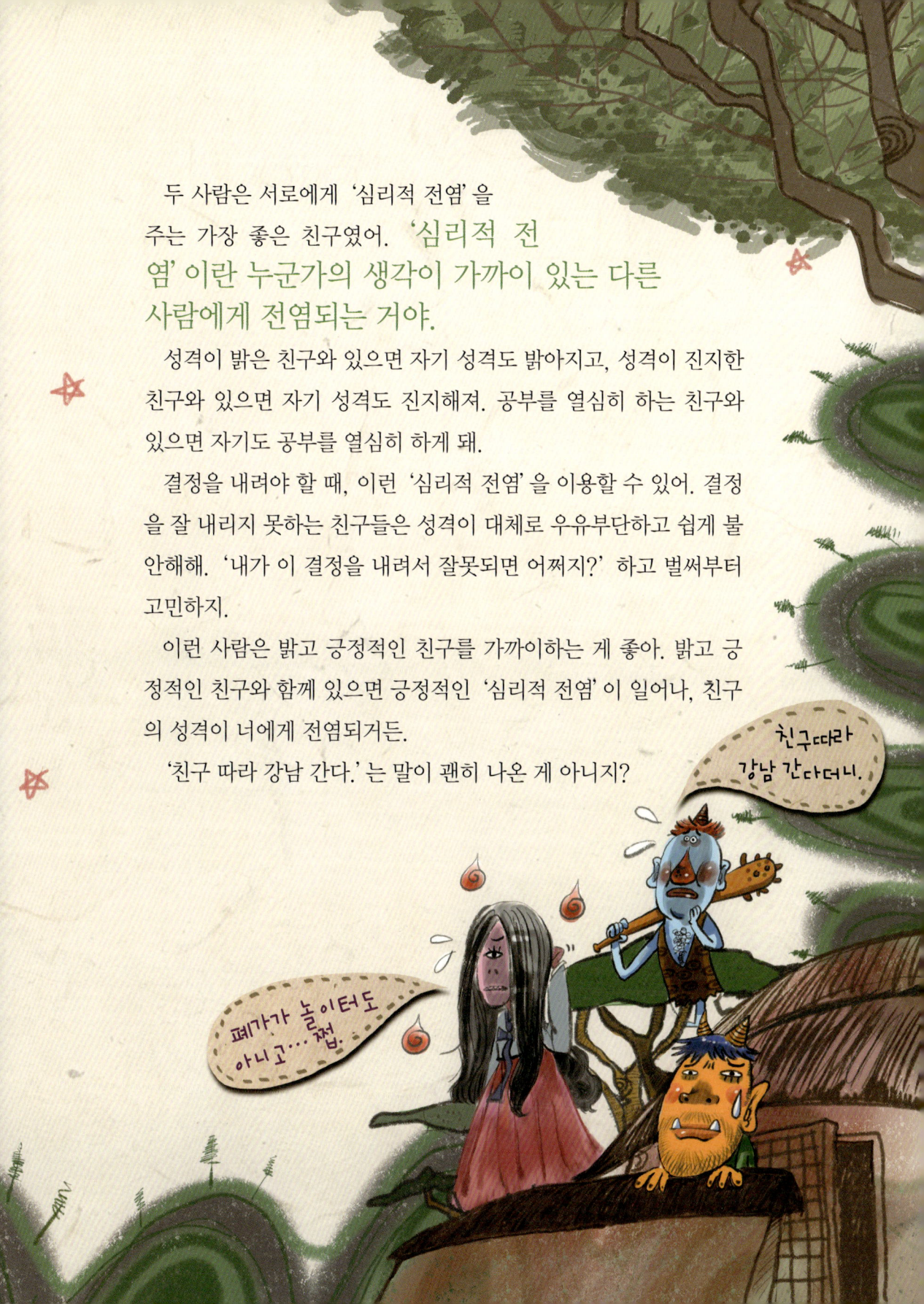

## 035

**재무장관 장 바티스트 콜베르**
# 정직한 선택

정직한 선택은 앞으로의 인생을 풍요롭게 만드는 밑바탕이 되지. 정직함은 인생을 성공으로 이끄는 힘이란다.

장 바티스트 콜베르는 젊어서 옷감 가게의 점원으로 일을 했어. 어느 날 콜베르는 호텔에 묵고 있는 은행가에게 옷감을 팔고 가게로 돌아왔어. 가게에 도착해서 보니 옷감 가격을 착각해 돈을 몇 배나 더 받아왔다는 사실을 알게 되었지.

"돈을 돌려 주어야겠어요."

콜베르의 말에 옷감 가게 주인이 펄쩍 뛰었어.

"뭐 하러? 그 사람은 자기가 비싼 값에 옷감을 산 줄 모를 걸세."

"그럴 수 없어요."

그러자 주인이 차갑게 말했어.

"그럼 선택하게. 돈을 돌려 주지 않고 내 가게에서 계속 일을 할 텐가, 돈을 돌려 주고 내 가게에서 잘릴 텐가?"

콜베르는 고민 끝에 돈을 돌려 주기로 결정했어.

'이 일로 양심을 속인다면 난 평생 괴로워하고 후회할 거야.'

결국 콜베르는 호텔로 찾아가 은행가에게, 더 받은 만큼의 돈을 정확히 돌려 주었단다. 이 일로 콜베르는 옷감 가게에서 해고되었어. 하지만 콜베르에게 더 큰 기회가 찾아왔어. 돈을 돌려받은 은행가가 해고된 콜베르에게 일자리를 약속한 거야.

"자네는 정직하니 은행 일을 잘할 거야. 파리에 있는 내 은행에서 일해 주지 않겠나?"

콜베르는 정직함을 바탕으로 성실하게 일을 했고 사람들의 믿음을 얻은 콜베르는 결국 프랑스의 재무장관 자리까지 오르게 되었어.

정직한 선택은 앞으로의 인생을 풍요롭게 만드는 밑바탕이 되지. 정직함은 인생을 성공으로 이끄는 힘이란다.

# 036

**총리 오토 폰 비스마르크**

## 결정에 대한 책임감

비스마르크는 책임감을 갖고 늘 올바른 결정을 하기 위해 노력했지. 비스마르크가 독일의 수상으로 있는 동안, 독일이 눈부신 성장을 할 수 있었던 것도 그런 이유야.

150여 년 전, 독일은 여러 개의 작은 공국(공이 통치하는 작은 나라)으로 나뉘어 있었어. 비스마르크는 여러 공국 중 하나인 프로이센의 귀족의 아들로 태어났단다. 러시아, 프랑스 등의 주재 대사로 있으며 시야를 넓힌 비스마르크는 독일의 역사를 바꾸어 놓을 중대한 결정을 내렸어.

"독일을 통일하겠어!"

독일 통일은 보통 일이 아니었어. 많은 사람들이 통일을 바라고 있었지만, 여러 가지 이해 관계가 얽혀 통일의 길은 무척 멀었단다.

비스마르크의 결심은 대단했어. 프로이센의 총리가 된 비스마르크는 통일을 위해 군대를 정비했어. 그는 변하는 주위의 정세에 따라 그에 맞는 새로운 방법을 찾고 또 찾았어. 그러다 다른 방법이 없을 때, 전쟁만이 최선의 방법일 때 비로소 무력을 썼단다. 비스마르크는 벨기에, 오스트리아, 프랑스와의 전쟁에서 이기며 마침내 독일의 통일을 이루었어.

비스마르크는 자신의 어깨에 얼마나 많은 책임이 올라 있는지 알고 있었어.

'지금 나의 결정이 독일의 미래를 결정한다.'

비스마르크는 책임감을 갖고 늘 올바른 결정을 하기 위해 노력했지. 비스마르크가 독일의 수상으로 있는 동안, 독일이 눈부신 성장을 할 수 있었던 것도 그런 이유야.

결정을 할 때에는 비스마르크같은 책임감이 필요하단다. 우리는 스스로에게 책임이 없으면 적당히 결정해 버리거나 넘겨 버리곤 해. "영주야, 화단에 물 줘라." 하면 영주는 화단에 물을 줄 거야. 하지만 "애들아, 화단에 물 줘라." 하면 영주는 다른 사람이 할 거라고 생각해 버리지. 바로 책임감의 차이야.

'내가 결정한 일을 책임지는 사람은 나야.'

이런 마음을 가지면 결정에 더욱 신중해지고, 자기의 결정을 지키기 위해 더 노력하게 된단다.

**재상 제갈공명**

# 나의 가치를 알아 주는 사람

사람은 누구나 자신의 가치를 알아 주는 상대를 원해. 그리고 그를 위해 최선을 다하려고 노력하지. 제갈공명의 마음도 그와 다르지 않았어.

나의 가치를 알아 주는 사람과 가치를 알아 주지 않는 사람은 하늘과 땅 차이야. 상대가 나를 귀히 여기면 나는 귀한 사람이 되고, 상대가 나를 하찮게 여기면 나는 하찮은 사람이 된단다. 중국 삼국 시대의 뛰어난 전략가였던 제갈공명은 그 사실을 알고 있었어.

지금으로부터 1800여 년 전, 한나라가 무너지기 시작하자 중국 땅은 혼란에 빠졌어. 많은 영웅들이 저마다 힘을 모으며 때를 기다리고 있었지. 이 때 제갈공명은 초야에 묻혀 살면서 어떤 주군을 섬길까 고민하고 있었어. 그 때 마침 유비가 제갈공명의 집에 찾아왔어. 유비는 세 번이나 찾아와 제갈공명을 청했단다.

사실 유비는 가진 게 없었어. 장수가 많지도 않았고, 넓은 땅을 가진 것도 아니고, 명예가 드높은 것도 아니었어. 유비를 군주로 삼느니 조조나 원소, 손권 같은 사람을 군주로 삼는 게 훨씬 나아 보였어. 하지만 유비가 세 번째 찾아오던 날, 제갈공명은 유비를 군주로 모시기로 결정했어.

왜 그런 결정을 했을까?

유비가 제갈공명을 맞이하기 위해 세 번이나

찾아갈 만큼 그의 가치를 소중히 여겼기 때문이란다. 사람은 누구나 자신의 가치를 알아 주는 상대를 원해. 그리고 그를 위해 최선을 다하려고 노력하지. 제갈공명의 마음도 그와 다르지 않았어.

　제갈공명은 유비의 등에 날개를 달아 주었어. 유비는 제갈공명의 도움을 받아 촉나라의 왕이 되었고, 제갈공명은 촉나라의 전설적인 재상이 되었단다.

　누군가의 가치를 찾는데 인색하지 말자. 내가 그 사람의 가치를 인정해 주는 순간, 그 사람과 나의 사이는 더 깊어지게 된단다.

### 수상 윈스턴 처칠
# 말더듬이에서 연설가로

스스로를 바꾸고 싶다면 스스로 결정해야 해. '내 모습을 바꾸겠어.' 하고 진지하게 결정하고 절실하게 생각한다면, 성격이나 버릇은 충분히 고칠 수 있어.

윈스턴 처칠은 영국의 존경받는 정치가야. 제2차세계대전 당시 영국의 수상을 지내며 영국이 전쟁에서 승리하는데 큰 공을 세웠지. 처칠은 뛰어난 연설가로도 이름이 높았어.

그런데 처칠이 어려서 S 발음을 제대로 못 했다는 거 아니? 처칠은 세레나데, 세미나, 사파리, 스페인, 소스 같은 단어를 잘 발음하지 못했어. 아이들은 처칠을 신나게 놀려댔지. 처칠은 자신의 발음을 고치고 싶어 의사를 찾아갔어.

"목도, 입도 정상이에요. 발음을 고치기 위해 당신이 할 일은 연습뿐입니다."

처칠은 S 발음을 정복하기로 결정했어. 처칠은 잠 잘 때도, 걸을 때도, 밥 먹을 때도 중얼중얼 외는 걸 멈추지 않았어. 그러자 절대로 바뀌지 않을 것 같던 S 발음이 점점 나아졌어. 완전한 S 발음은 할 수 없었지만, 이젠 '웃기는 발음'이 아니라 '개성 있는 발음'으로 사람들의 귀에 들리게 되었지.

"맞아, 하면 돼! 포기하지 않으

니까 이렇게 되잖아."

처칠은 그 후에도 노력을 멈추지 않았어. 말이 꼬일까 봐 미리 연설문을 만들어 외웠고, 연단에 서기 전에 몇 번씩 연습을 했어. 그런 끈기와 노력 덕에 처칠은 역사에 남을 위대한 연설가로 이름을 드높이게 되었단다.

"포기하지 마라, 절대로 포기하지 마라!"

처칠이 옥스퍼드 대학의 졸업식에서 한, 이 단 두 마디의 연설은 지금도 최고의 연설 가운데 하나로 사람들의 입에 오르내리고 있어.

스스로를 바꾸고 싶다면 스스로 결정해야 해. '내 모습을 바꾸겠어.' 하고 진지하게 결정하고 절실하게 생각한다면, 성격이나 버릇은 충분히 고칠 수 있어.

정치가 벤자민 프랭클린
## 삶을 행복하게 해 준 수첩

10년 후, 20년 후 계속 발전해 나갈 너에게 가장 필요한 건 뭘까? '나를 바꾸겠어.' 라는 결정, 그리고 그 결정을 지켜 나갈 너만의 수첩이 아닐까?

미국의 100달러 지폐에 나오는 사람이 누군지 알고 있니?

정치가, 과학자, 외교관, 출판업자, 저술가, 발명가, 언론인, 사업가 등 '가장 지혜로운 미국인' 으로 불리는 벤자민 프랭클린이란다. 프랭클린은 어떻게 이렇게 여러 가지 일을 해낼 수 있었을까? 바로 한 권의 수첩 덕분이었어.

어느 날, 프랭클린은 자신의 나쁜 버릇을 고쳐야겠다고 결심하고 수첩에 자기가 지켜야 할 13가지 계획을 적고, 이 계획들을 꼭 지키기로 마음먹었어.

① 배부르게 먹지 말고 취하도록 마시지 않는다.
② 쓸데없는 말을 하지 않는다.
③ 모든 물건은 제자리에 정리한다.
④ 해야 할 일은 반드시 결심하고 결심한 일은 반드시 실행한다.
⑤ 돈을 낭비하지 않는다.
⑥ 시간을 낭비하지 않는다.
⑦ 사람을 속이지 않는다.

결심한 계획은 꼭 지키기!

⑧ 남에게 해를 주지 않는다.
⑨ 생활의 균형을 지키고 타인에게 관용을 베푼다.
⑩ 몸과 옷과 집에 얼룩을 남기지 않는다.
⑪ 침착함을 잃지 않는다.
⑫ 타인의 신뢰를 저버리지 않는다.
⑬ 예수와 소크라테스를 본받는다.

프랭클린은 13가지 계획 옆에 빈 칸을 만들고, 그 날 위반한 계획이 있으면 그 안에 동그라미를 쳤어. 동그라미를 친 계획은 한 주 동안 다시 위반하지 않으려 노력했단다.

10년 후, 20년 후 계속 발전해 나갈 너에게 가장 필요한 건 뭘까? '나를 바꾸겠어.'라는 결정, 그리고 그 결정을 지켜 나갈 너만의 수첩이 아닐까?

**정치가 자공**

# 끊임없이 묻고, 끊임없이 생각한다!

세상에는 우리보다 더 지혜로운 사람들이 많이 있단다. 우리를 이끌어 줄 수 있는 사람과 이야기를 나누고, 그들의 말을 귀담아듣는 것은 결정을 내릴 때에 큰 도움이 돼.

2500년 전, 중국을 통일했던 주나라가 약해지자, 중국은 수많은 나라로 갈라지게 되었어. 이 때 공자라는 사람이 나타났어. 공자는 세상을 떠돌며 군주들에게 가르침을 주었고, 수많은 뛰어난 제자들을 길러 냈단다. 자공은 공자의 제자 가운데 한 사람으로, 공자가 "나라를 지킬 인재다."라고 말할 만큼 똑똑했어.

자공은 끊임없이 남에게 묻고, 스스로 깊이 생각하기를 좋아했단다. 자공은 존경하는 스승인 공자에게 활발히 묻고 그 말을 가슴 깊이 새겼어.

어느 날, 공자는 고향인 노나라를 제나라가 치려고 한다는 소식을 들었어. 공자는 제자들 가운데 노나라를 구해 줄 인재를 찾았어.

"제가 가서 노나라를 구하겠습니다."

공자는 자공의 능력이면 노나라를 구할 수 있으리라 믿었어.

공자의 허락을 받은 자공은 당장 오나라로 떠났어. 오나라를 설득해 제나라를 치게 하고, 진나라와 월나라로 오나라를 견제해 노나라를 구했지.

이것은 모두 다른 사람의 지혜로운 생각을 잘 듣고, 자신의 관점에서 새롭게 정리한 결과였어.

세상에는 우리보다 더 지혜로운 사람들이 많이 있단다. 우리를 이끌어 줄 수 있는 사람과 이야기를 나누고, 그들의 말을 귀담아듣는 것은 결정을 내릴 때에 큰 도움이 돼.

주의할 점은, 다른 사람의 생각과 관점을 무조건 옳다고 생각하거나 그대로 받아들여서는 안 된다는 거야. 다른 이의 생각을 참고해 자기의 생각을 정리해서 스스로 결정해야 하지.

실 / 천 / 하 / 기
# 정치가가 되고 싶니?

먼 옛날, 사람들은 북극성을 보고 방향을 가늠했어.
훌륭한 정치가는 나라가 나아갈 방향을 일러 주는 북극성과 같아. 한 위대한 정치가가 나라의 미래를 바꾼 일은 수없이 많아. 간디는 인도를 독립시켰고, 자공은 노나라를 지켰고, 서희는 거란족을 물리쳤지. 이런 훌륭한 정치가가 되고 싶지 않니? 정치가가 되려면 어떤 점을 배워야 할까?

### ① 상대의 말에 귀 기울이자!

정치가는 여러 사람들이 진짜 바라는 것이 무엇인지 잘 듣고, 모두의 이익을 위해 바른 결정을 내릴 수 있어야 해. 정치가가 되려는 친구는 귀를 열고 여러 사람의 생각을 잘 들어 보렴. 너는 혹시 네 얘기만 하느라 다른 친구의 말을 흘려듣지는 않니? 이제 상대의 말에 귀 기울이려 노력하자. 그렇게 하면 친구와의 사이도 더 좋아진단다.

② **한쪽 편의 말만 듣지 말자!**

자기 편의 목소리만 듣는 사람, 자기가 듣고 싶은 말만 듣는 사람이 있어. 모두의 말을 잘 듣고, 어느 쪽의 말이 바른지 생각하도록 노력하자.
'여러 사람의 말을 들어 보니 얘의 생각이 옳구나.'
'다른 사람들의 말과 함께 들어 보니 얘의 생각에 틀린 곳이 있구나.'
공정하게 판단하고 생각하는 가운데 정치가의 재능이 쑥쑥 자라날 거야.

③ **받아쓰기를 잘하자!**

'아버지가방에들어간다'는 띄어쓰기에 따라 뜻이 달라져. "아버지가 방에 들어간다."도 될 수 있고, "아버지 가방에 들어간다."가 될 수도 있어. 정치를 할 때에는 서로 다른 입장의 정치가들이 자기 주장을 말하게 돼. 이 때 말 한 마디, 토씨 하나, 띄어쓰기 하나에 따라 말의 뜻이 달라진단다. 그래서 정치를 잘하려면 사람들이 무슨 말을 하는지 잘 받아 적고 정리할 줄 알아야 해.

# #5 예술가

## Artist Determination

041 루드비히 반 베토벤 _ 희망을 선택하는 결정
042 니콜로 파가니니 _ 단 한 줄로 연주한 바이올리니스트
043 애거서 크리스티 _ 버려야 얻는 것
044 월트 디즈니 _ 충고에 귀 기울이기
045 엔리코 카루소 _ '난 못 해.' 라는 꼬리표를 떼라!
046 폴 세잔 _ 사과에 영혼을 담을 때까지!
047 괴테 _ 한 계단씩, 전력을 다해 올라라!
048 빌리 조엘 _ 후회는 절망의 지름길
049 마이클 랜던 _ 포기하지 않으면 절망도 없다
050 정습명 _ 누가 뭐래도, 나는 아름답다
실천하기 _ 예술가가 되고 싶니?

## 041

**작곡가 루드비히 반 베토벤**
# 희망을 선택하는 결정

불행은 누구에게나 닥칠 수 있어. 이 때 불행 때문에 괴로워하며 사느냐, 희망을 갖고 앞으로 나아가느냐를 결정하는 건 전적으로 우리 자신이란다.

아무리 위험하고 힘든 상황도 절망하지 않으면 이겨 낼 수 있어. 이런 때에 우리가 가져야 할 것은 희망을 선택하는 결정이란다.

천재 작곡가 베토벤은 병에 걸려 귀가 점점 멀게 되었어. 베토벤은 참을 수 없는 괴로움에 빠졌어. 생각해 봐. 음악가가 소리를 듣지 못하게 된다는 건 상상만으로도 절망스러운 일이었어.

베토벤은 죽고 싶은 마음뿐이었어. 절망에 빠진 베토벤은 더욱더 괴팍해졌어. 사람들도 멀리하게 되었지. 베토벤은 아무것도 할 수 없었어.

그러던 어느 날이었어. 베토벤의 머릿속에 이런 생각이 떠올랐어.

'나는 귀가 멀어 음악을 들을 수 없지만, 내 머릿속에는 아직도 수많은 음이 살아 울리고 있어. 나에게는 여전히 음악을 작곡할 능력이 있어.'

베토벤은 수없이 절망한들 귀가 다시 들리지 않는다는 걸 깨달았어. 그러자 절망하고 있는 시간이 아까웠어. 베토벤은 새로운 결정을 내렸어.

"아홉 번째 교향곡을 작곡하겠어!"

　그리고 절망을 밀어 낸 자리에 대신 희망이 자리를 잡았고, 베토벤은 수많은 사람들의 가슴을 울리는 명곡을 작곡해 냈어.
　불행은 누구에게나 닥칠 수 있어. 이 때 불행 때문에 괴로워하며 사느냐, 희망을 갖고 앞으로 나아가느냐를 결정하는 건 전적으로 우리 자신이란다.

**연주자 니콜로 파가니니**

# 단 한 줄로 연주한 바이올리니스트

파가니니가 줄이 끊어지는 상황에서도 침착할 수 있었던 이유는 뭘까? 바로 자신감이 넘치는 마음이었단다. 어려운 상황을 이겨 낼 수 있는 건 바로 우리의 마음가짐이야.

바이올린 한 줄로 연주를 마친 위대한 연주자 이야기, 들어 본 적 있니?

어느 날, 이탈리아의 바이올리니스트이자 작곡가인 니콜로 파가니니가 연주를 하던 중이었어. 그 때 갑자기 바이올린 줄 하나가 툭 하고 끊어지지 않겠어? 얼마나 당황스러웠을까!

그러나 파가니니는 조금도 당황하지 않고 아름다운 연주를 계속했어. 그런데 줄 한 개가 또다시 끊어지지 뭐야? 이쯤 되면 아무리 강심장이라도 덜컥 가슴이 내려앉을 거야. 하지만 파가니니는 눈도 깜짝하지 않고 연주를 계속했어. 중간에 또 한 줄이 끊어지고, 또 한 줄이 끊어져 바이올린 줄이 하나밖에 남지 않았는데도 파가니니는 끝까지 음악을 즉흥으로 연주해 내었지. 청중들은 떠나갈 듯 박수 갈채를 보내었어.

파가니니가 줄이 끊어지는 상황에서도 침착할 수 있었던 이유는 뭘까? 바로 자신감이었단다.

'내 연주는 그 어떤 것도 막을 수 없어.'

파가니니는 이렇게 생각했어. 그래서 연주도 거침이 없었지.

내 연주는 그 어떤 것도 막을 수 없어.

너에게도 파가니니와 같은 상황이 닥칠 수 있어. 발표를 하다 외운 내용을 잊어 버린다든가, 피아노 대회에서 외워 둔 악보를 잊어 버린다든가. 사실 이런 상황이 닥쳤을 때 가장 큰 문제는 상황 자체가 아니야. '이제 다 틀렸어.'라고 생각하는 마음이란다.

어려운 상황 앞에서 어떤 행동을 할지 결정하는 건 바로 우리의 마음가짐이야.

'나에게는 해낼 수 있는 힘이 있어.'

이런 자신감은 우리에게 큰 용기를 주고, 보다 밝은 미래로 나아갈 수 있는 힘이 된단다.

# 043

**추리 소설가 애거서 크리스티**
# 버려야 얻는 것

성격에 맞지 않고, 하고 싶은 마음도 없고, 그 일에 재능도 없다면 안 되는 걸 버리는 결심도 필요해. 안 되는 것을 버리고 새로운 걸 찾는 용기가 미래를 더 행복하게 해 줄 수 있단다.

"난 친구랑 노는 것보다 인형이랑 노는 게 더 좋아."

추리 소설의 여왕이라 불리는 영국의 애거서 크리스티는 어려서 수줍음 많은 아이였어. 크리스티는 혼자 놀며 수많은 상상 친구를 만들어 냈어.

그러던 어느 날 크리스티는 엄마의 뜻에 따라 프랑스의 기숙학교에 들어가게 되었어. 그 곳에서는 하루에 7시간씩 피아노와 노래를 배웠지. 그러나 크리스티는 사람들 앞에만 서면 딜딜 떨려 연주도 노래도 할 수 없었어. 머릿속은 새하얘지고, 목소리는 작아지고, 피아노를 치는 손은 자꾸 다른 건반을 눌렀어. 사람들 앞에서 공연하는 건 수줍음 많고 나서는 걸 싫어하는 소녀에게 맞지 않았어.

"맞아. 나는 나를 남에게 드러내는 성격이 아니야."

크리스티는 학교를 다닌 지 2년 만에 피아노와 성악을 그만두기로 결심했단다.

'지금부터 나에게 맞는 일, 내가 하고 싶은 일을 찾겠어.'

크리스티는 그 때부터 여러 가지 경험을 쌓았어. 어머니와 이집트를 여행했고, 제1차세계대전 때에는 간호사로 전쟁터에 나섰어. 그곳에서 독약에 대해 배우며 크리스티는 독약에 대한 이야기를 추리 소설로 쓰면 재미있겠다는 생각을 했어. 어려서부터 이야기를 만들며 놀았던 크리스티에게 이처럼 매력적인 일도 없었지. 그리하여 크리스티는 1916년, 26세의 나이로 첫 번째 추리 소설을 펴냈단다.

사람들은 크리스티의 추리 소설에 열광했어. 크리스티는 소녀 시절 피아노와 성악 연주를 했을 때와는 비교도 안 되는 커다란 박수와 명예를 얻었지.

성격에 맞지 않고, 하고 싶은 마음도 없고, 그 일에 재능도 없다면 안 되는 걸 버리는 결심도 필요해. 맞지 않는 옷을 벗어야 어울리는 옷을 찾아 입을 수 있어. 안 되는 것을 버리고 새로운 걸 찾는 용기가 미래를 더 행복하게 해 줄 수 있단다.

# 040

**만화가 월트 디즈니**
## 충고에 귀 기울이기

결정을 내려야 할 때, 월트 디즈니처럼 주위의 소리에 귀를 기울이자. 애니메이션의 신화를 만든 월트 디즈니조차 모든 것에 해답을 갖고 있지는 못했단다.

"내 모든 일은 단 한 마리의 생쥐로 인해 이루었다."

이 말을 한 사람이 누구일까? 바로 '미키 마우스'를 만든 월트 디즈니란다. 월트 디즈니는 미국 애니메이션의 역사라 불리는 사람이야.

월트 디즈니는 고향인 캔자스 시티에 작은 사무실을 차리고 만화 영화를 만들었어. 이 사무실에는 생쥐 한 마리가 살고 있었어. 생쥐는 사무실을 제 집처럼 들락거렸어. 월트는 생쥐를 내쫓기는커녕 먹을 걸 주며 돌봐 주었어.

"생쥐야, 난 만화가 좋아. 만화 영화를 만들며 살 거야."

월트는 멋진 만화 영화 캐릭터를 만들어 내기 위해 생각하고 또 생각했어. 그런 끝에 찾아 낸 것이 바로 작은 생쥐였단다.

월트는 부인에게 말했어.

"여보, 다음 번 만화 주인공은 생쥐요! 이름은 모티머 마우스가 어떨까? 이거 좋지 않아? 생쥐에게 딱 어울리는 이름이야!"

월트는 신이 났어. 하지만 부인은 어깨를 으쓱했어.

**"음, 글쎄요. 제 생각엔 미키가 더 나을 것 같아**

너는 다음 만화의 주인공이란다.

천국이 따로 없군.

요. 어때요? 미키 마우스!"

월트가 어떤 결정을 내렸는지 이미 알고 있지? 월트는 자기 주장을 접고, 부인의 생각을 받아들였어.

"미키 마우스로 합시다!"

미키 마우스를 주인공으로 한 〈증기선 윌리〉는 커다란 히트를 쳤어. 그 후 미키 마우스는 전세계에서 가장 영향력 있는 존재가 되었단다.

생각해 봐. 미키 마우스의 이름이 모티머 마우스였다면, 아이들의 가슴에 뚜렷이 이름을 남길 수 있었을까? 결정을 내려야 할 때, 월트 디즈니처럼 주위의 소리에 귀를 기울이자. 애니메이션의 신화를 만든 월트 디즈니조차 모든 것에 해답을 갖고 있지는 못했단다.

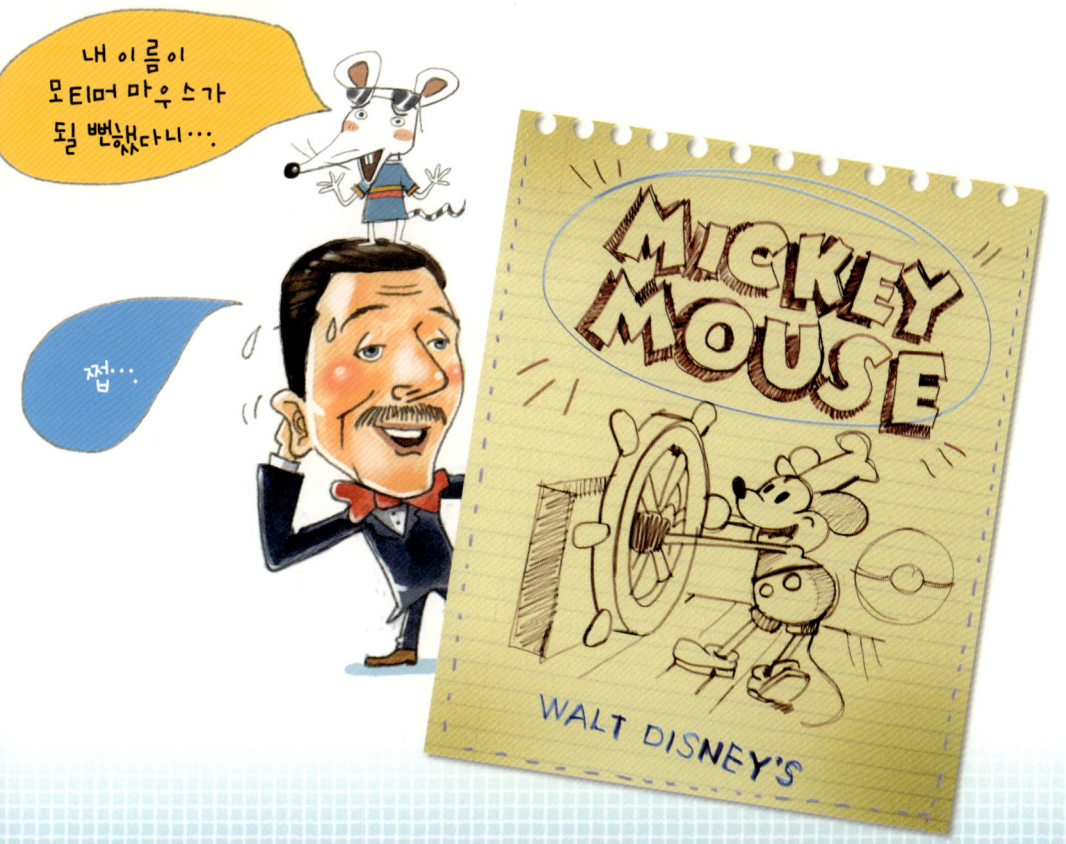

### 성악가 엔리코 카루소
# '난 못 해.'라는 꼬리표를 떼라!

'라벨 효과'라는 말, 들어 봤니? "너는 게을러."라는 말을 듣는 사람은 정말로 게을러지고, "너는 천재야."라는 말을 듣는 사람은 정말로 똑똑해지는 효과를 일컫는 말이야.

　카루소는 이탈리아 나폴리의 빨래 공장에서 일하는 가난한 소년이었어. 카루소는 아름다운 목소리를 갖고 있었어. 카루소의 꿈은 오페라 가수였단다.
　카루소는 열심히 연습해서 작은 대회에 나갔지만 아무 성과도 거두지 못했어.
　"엄마, 난 재능이 없나 봐요."
　카루소가 속상해하며 말하자, 엄마가 확신에 찬 목소리로 다정하게 말했어.
　**"애야, 네 목소리가 얼마나 아름다운지 아니? 너는 꼭 위대한 가수가 될 거야."**
　엄마는 카루소의 재능을 굳게 믿었어. 그래서 늘 카루소에게 한결같은 믿음을 보냈어. 엄마의 믿음과 사랑이야말로 카루소를 지탱하는 힘이었단다.
　카루소는 결국 세계적인 테너 가수가 되었어. 천상의 목소리라는 찬사를 받으며 엄청난 성공을 거두었지.
　'라벨 효과'라는 말, 들어 봤니? "너는 게을러."라는 말을 듣는

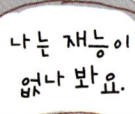

사람은 정말로 게을러지고, "너는 천재야."라는 말을 듣는 사람은 정말로 똑똑해지는 효과를 일컫는 말이야. '저 사람은 이런 사람이야.'라는 라벨이 붙은 사람이 정말 이러이러한 사람으로 바뀌는 효과이지.

카루소의 엄마는 카루소에게 아름다운 꼬리표를 붙여 주었어.

'넌 재능이 있어.', '넌 위대한 가수가 될 거야.'

자, 이제 부정적인 꼬리표를 떼어 버리자. 그리고 새로운 꼬리표를 붙이자.

쉽게 결정을 내리지 못하는 성격이라면 '나는 신중하게 결정하는 사람이다.'라는 꼬리표를 붙여도 좋겠다. 이런 꼬리표는 너를 결정력 있는 사람으로 바꾸어 줄 거야.

**화가 폴 세잔**

# 사과에 영혼을 담을 때까지!

세잔은 누가 뭐라든 사과로 파리를 놀라게 하겠다는 신념에 따라 결정을 끝까지 밀어붙였어. 인내하고 노력한 사람만이 꿈을 현실로 이룰 수 있어.

"나는 사과 하나로 파리를 놀라게 하겠어!"

폴 세잔은 평생 한 가지 신념을 갖고 그림을 그렸어. 세잔은 그림 한 점을 그리기 위해 100번도 넘게 정성껏 스케치를 했단다. 똑같은 사과를 그릴 때에도 매번 다른 위치에서 다르게 보며 그렸지. 그토록 많은 스케치를 하면서도 세잔은 늘 만족하지 않았어.

"왜 이렇게밖에 못 그리지? 휴, 난 재능이 없어."

그렇다고 세잔이 포기했느냐면, 그건 절대 아니야. 오히려 이렇게 생각했어.

**'난 재능이 없으니 남보다 더 열심히 해야 해.'**

세잔은 보통 사람들의 수십 배로 노력했단다.

세잔이 첫 개인전을 열었을 때, 세잔의 나이는 56세였어. 나이 든 화가의 첫 개인전을 보러 온 사람들은 사과 그림을 보고 깜짝 놀랐어.

"사과에 화가의 영혼이 담겼어요!"

"평범한 화가의 사과는 그저 먹고 싶지만, 세잔의 사과는 내 마음에 말을 건네요!"

세잔은 누가 뭐라든 사과로 파리를 놀라게 하겠다는 신념에 따라 결정을 끝까지 밀어붙였어. 젊어서는 아무도 알아 주지 않아 고생했지만, 나중에는 모든 화가들의 존경을 받는 위대한 화가가 되었단다.

지난 일들을 돌이켜봐. 슬픔이나 좌절을 맛본 적이 있을 거야. 그럴 때 너는 어떻게 하기로 결정했었니? 끝까지 밀어붙였니? 아니면 중간에 포기해 버렸니? 그 때 한 너의 결정이 지금의 너를 있게 한 것이란다.

세상에 꿈을 현실로 만들어 주는 마법은 없단다. 다만 인내하고 노력한 사람만이 꿈을 현실로 이룰 수 있는 거야.

**작가 괴테**
# 한 계단씩, 전력을 다해 올라라!

게을리 걸어도 결국 목적지에 도달할 날이 있을 것이라는 생각은 잘못이다. 하루하루 전력을 다하지 않고는 그 날의 보람은 없을 것이며, 동시에 최후의 목표에 도달하지 못할 것이다.

어느 따사로운 봄날, 독일의 위대한 시인이자 작가인 괴테에게 한 젊은이가 찾아왔어.

"괴테 선생님, 저는 선생님처럼 훌륭한 대작을 쓰고 싶습니다. 방법을 알려 주세요."

괴테는 대꾸 없이 창밖만 내다보았어.

그러더니 갑자기 책상에 앉아 열심히 원고를 쓰기 시작했어. 젊은이가 물었어.

"선생님, 뭘 적으시나요?"

"창 밖의 평화로운 모습에서 얻은 느낌을 시로 적고 있네."

젊은이가 실망하자, 그제야 괴테가 말했어.

"새도 어려서는 날지 못한다네. 꽃봉오리도 여물지 못하면 활짝 피지 못하지. 지금 당장 쓸 수 있는 걸 자연스럽고 생생하게 쓰도록 하게. 그럼 언젠가 자네도 모르는 사이에 대작을 쓸 수 있는 힘이 길러질 거라네."

첫 계단을 올라야만 두 번째 계단을 오를 수 있어. 처음부터 열 계단, 스무 계단을 풀쩍풀쩍 뛰어

목표까지 언제 올라가죠?

**오를 수는 없단다.** '첫술에 배부르랴.' 라는 속담도 여기에서 나온 말이지. 한 숟갈만 먹고 배가 부르지는 않아. 두 숟갈 세 숟갈 먹다 보면 비로소 배가 부르게 돼.

하지만 조금씩 천천히 해 나가겠다며 너무 여유 부려서는 안 돼. 시간은 널 기다려 주지 않아.

괴테는 이렇게 말했단다.

"게을리 걸어도 결국 목적지에 도달할 날이 있을 것이라는 생각은 잘못이다. 하루하루 전력을 다하지 않고는 그 날의 보람은 없을 것이며, 동시에 최후의 목표에 도달하지 못할 것이다."

**가수 빌리 조엘**
# 후회는 절망의 지름길

자기가 한 결정을 후회하기 시작하자, 빌리는 모든 걸 부정적으로 생각하게 되었어. 만약 후회하는 대신 더 좋아질 수 있는 방법을 찾았다면 세상이 긍정적이고 재미있게 보였을 거야.

"이 답답한 학교, 참을 수가 없어! 난 음악가가 될 거야!"

빌리 조엘은 고등학교를 중퇴하고 뛰쳐나왔어. 그러나 고등학교 졸업장도 없는 젊은이에게 세상은 한없이 차가웠어.

'내가 왜 고등학교를 그만뒀을까? 아, 후회돼.'

빌리 조엘은 술집에서 피아노를 연주하며 하루하루를 살아가고 있었어. 빌리는 잠 잘 곳이 없어 세탁소 구석에서 새우잠을 잤어.

'내 음악은 왜 이것밖에 안 될까? 아, 후회돼.'

빌리 조엘은 매일매일 후회하며 스스로를 괴롭혔어.

한때 자살을 생각하기도 했지만 다행히 마음을 추스르고 요양 병원에 입원해 스스로의 문제를 생각해 보게 되었단다.

'나는 왜 늘 지난 일을 후회하는데 모든 시간을 바쳤을까?'

빌리는 자기가 결정한 일이 좋은 결과를 얻지 못했을 때마다 후회를 했어. 자기가 한 결정을 후회하기 시작하자, 빌리는 모든 걸 부정적으로 생각하게 되었어. 만약 후회하는 대신 더 좋아질 수 있는 새로운 방법을 찾았다면 세상이 더 긍정적이고 재미있게 보였을 거

야. 그걸 깨달은 빌리는 이렇게 결심했단다.
"난 다시는 그렇게 후회하며 끔찍하게 살지 않겠어."
그 후, 빌리는 무슨 일이든 긍정적으로 생각했어.
"그 결정은 내가 가장 잘한 일이야. 다른 결정을 했더라도 이보다 좋지는 않았을 거야."
그는 이렇게 믿으며 꿈을 이루기 위해 노력했어. 그리하여 위대한 가수로 전세계에 이름을 날리게 되었지.
혹시 너도 결정을 후회하느라 시간을 안타깝게 흘려보내고 있지는 않니?

### 배우 마이클 랜던
# 포기하지 않으면 절망도 없다

마이클 랜던은 강한 정신력으로 고통스런 상황을 이겨 냈어. 그리고 어떤 일이 있어도 성공하겠다는 굳건한 각오로 마침내 성공을 거머쥐었단다.

"난 체조 선수가 되고 싶었는데 높이뛰기 선수가 되었어."
"난 투창 선수가 되고 싶었는데 영화배우가 되었어."
이런 일이 일어날 수 있을까? 답은 '그렇다'야.
때때로 어떤 결정은 처음의 생각과 전혀 다른 결과를 낳기도 해.
마이클이라는 소년은 고등학생이 되었지만 여전히 오줌을 싸는 빼빼 마른 아이였어. 어느 날, 마이클은 체육 시간에 투창으로 멀리 던지기를 했어. 그런데 마이클이 던진 투창이 그 날 최고 기록을 세운 학생보다 10미터나 더 날아간 거야. 누구보다 놀란 건 마이클이었어.
"나한테 남보다 잘하는 게 있었구나. 좋아, 난 투창 선수로 성공하겠어!"
마이클은 체육 선생님에게 투창을 빌려 여름 방학 동안 내내 투창 연습을 했어. 그리하여 마이클은 누구보다 튼튼한 몸을 가진 최고의 투창 선수가 되었어.
그럼 마이클이 투창 선수로 스타가 되

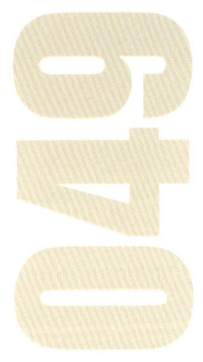

었겠다고? 그건 아니야. 마이클은 대학에서 부상을 당하고 말았어. 투창 선수의 생명도 끝나고 말았지. 마이클은 실망스러웠지만 미래를 포기하지 않았어. 마이클은 대학에서 쫓겨나 공장에서 물건을 나르는 일을 하면서도, 끊임없이 새로운 길을 찾았어. 그러던 어느 날, 드디어 기회가 찾아왔어.

### "마이클 랜던, 자네 몸이 참 좋군. 탤런트가 되어 보지 않겠나?"

마이클은 탤런트로 텔레비전에 나가는 행운을 얻게 되었어. 그리고 투창 선수 대신 인기 스타로 성공하게 되었지.

마이클 랜던이 부상당한 걸 괴로워하기만 했다면 어땠을까? 대학에서 쫓겨난 걸 슬퍼하기만 했다면 어땠을까? 마이클 랜던은 강한 정신력으로 고통스런 상황을 이겨 냈어. 그리고 어떤 일이 있어도 성공하겠다는 굳건한 각오로 마침내 성공을 거머쥐었단다.

**시인 정습명**
# 누가 뭐래도, 나는 아름답다

정습명의 결정이 빛을 발할 수 있었던 건, 그 안에 긍정의 힘이 들어 있었기 때문이야. 긍정적인 생각은 춥고 깜깜한 밤, 우리 곁을 지켜 주는 화톳불과 같단다.

선생님께서 방학 동안 공책에 펜글씨를 가득 채워 오라는 숙제를 내셨어. 그동안 꾸준히 숙제를 하여 공책의 반에 펜글씨를 채웠지. 이 때, 너라면 뭐라고 말하겠니?

"아휴, 아직 반이나 남았잖아? 언제 다 쓴담?"

"우와, 벌써 반이나 썼네? 이만큼이나 썼으니 글씨가 좀더 예뻐졌겠지?"

둘 중 누가 더 즐겁게 펜글씨를 쓰겠니?

고려의 작은 마을에 정습명이라는 시인이 살았어. 정습명은 훌륭한 재주와 넓은 뜻을 지닌 선비였지만, 시골에 묻혀 있었기 때문에 아무도 정습명의 훌륭함을 알아 주지 않았어. 이럴 때 어떤 사람은 이렇게 말할 거야.

"이렇게 아무에게도 인정받지 못하고 내 인생이 끝나 버리면 어쩌지? 아, 난 불행해."

그러나 정습명은 이와 다르게 생각했어.

'사람들은 뜰 안의 모란꽃이 아름다운 줄은 알아

도, 들판의 패랭이꽃 아름다운 줄은 모르지. 그건 다만 패랭이꽃을 볼 기회가 없기 때문이야.'

정습명은 누가 알아 주지 않아도 자연을 벗삼아 글을 쓰며 살아야겠다고 결정했어.

정습명은 자신의 마음이 담긴 결정을 〈패랭이꽃〉이라는 시를 지어 남겼어. 이 시는 돌고 돌아 예종 임금에게 전해졌어. 예종 임금은 훌륭한 시에 감탄해 정습명을 궁궐로 불렀어. 그 후 정습명은 벼슬에 올랐고, 오랫동안 임금의 곁을 지켰어.

정습명의 결정이 빛을 발할 수 있었던 건, 그 안에 긍정의 힘이 들어 있었기 때문이야. 안 좋은 상황일 때 부정적으로 생각하면 그 상황은 더욱 나빠져. 그렇지만 긍정적으로 생각하면 그 상황을 이겨 낼 수 있지. 긍정적인 생각은 춥고 깜깜한 밤, 우리 곁을 지켜 주는 화톳불과 같단다.

실 / 천 / 하 / 기

## 예술가가 되고 싶니?

어린이들은 어른들처럼 딱딱한 생각의 틀에 갇혀 있지 않아. 말랑말랑한 상상력으로 새로운 이야기를 만들고, 새로운 생각을 해내지.

'난 그렇지 않은 것 같아. 난 상상력이 부족한 것 같아.'

이런 생각이 드니? 걱정하지 마. 상상력을 키우는 방법이 여기 있단다.

### ① 엉뚱한 생각을 하자!

머릿속에 불꽃이 탁 튀어 오르듯 기발하고 재미난 생각이 떠오를 때가 있어. 어른들에게 이야기하면 "또 엉뚱한 얘기니?" 하고 피식 웃어 버릴지도 모르는 생각. 이런 생각이 떠오를 때에는 이야기를 멈추지 말고 끝까지 이어가 보자. 떠오르는 이야기를 공책에 적거나 그리는 것도 좋은 방법이야.

### ② 혼자서 생각하는 시간을 갖자!

친구들과 놀이를 하는 것도 좋지만, 혼자서 조용히 생각하는 시간도 상상력과 창의력을 쑥쑥 키워 준단다. 하루에 30분 정도 혼자서 생각하는 시간을 갖자. 가슴 속에서 수많은 생각이 떠올라 깜짝 놀랄 거야.

③ 꽃 냄새를 맡고, 귀뚜라미 소리에 귀 기울이자!

더운 여름, 나무 그늘에서 쉬는 즐거움을 아니? 활짝 핀 장미꽃의 달콤한 냄새를 아니? 비오는 날 창틀에 떨어지는 빗소리를 아니? 새 소리, 물 소리, 꽃 향기, 곤충의 울음 등 자연의 소리는 마음을 맑게 해 주고, 감수성을 쑥쑥 키워 준단다.

④ 온몸으로 말하자!

말을 할 때나, 네 느낌을 이야기할 때 손과 발을 이용해 말을 해 보자. 그러면 표현이 더 잘 되어서 뜻을 전달하기 쉬워. 다양한 방법으로 느낌을 표현하다 보면 창의력도 저절로 높아지게 된단다.

# Determina
## scientist

Determination

# #6

## 과학자와 학자

Scholar Determination

**051** 갈릴레오 갈릴레이 _ 진리는 막을 수 없다
**052** 아르키메데스 _ 고민을 해결해 준 목욕
**053** 임마누엘 칸트 _ 시간 계획을 꼼꼼히
**054** 아이작 뉴턴 _ 잠은 결정력을 높여 준다!
**055** 루이스 파스퇴르 _ 머리를 쉬게 하는 결정
**056** 버트런드 러셀 _ 우유부단함을 버려라!
**057** 리처드 파인먼 _ 노벨물리학상을 받게 한 '놀이'
**058** 찰스 다윈 _ 백 번 고민하느니 한 번 실험하라!
**059** 멘델레예프 _ 기대는 조각상도 살아나게 한다!
**060** 마이클 패러데이 _ 최선의 행동이 최고의 결정
　　　실천하기 _ 과학자가 되고 싶니?

### 과학자 갈릴레오 갈릴레이
# 진리는 막을 수 없다

갈릴레이는 남의 눈치를 보지 않고 오직 자신이 직접 경험한 것, 직접 실험한 것에서부터 진리를 이끌어 내는 과학자였어.

"야, 정신 차려. 태양이 지구 주위를 도는 거야."

너를 뺀 모든 사람들이 이렇게 우기면 넌 어떻게 말하겠니? 끝끝내 아니라고 하기는 어려울 거야. '내가 잘못 알았나?' 하는 생각이 들 수도 있어.

옛날 중세시대에는 거의 모든 사람들이 '태양이 지구 주위를 돈다.'고 믿었어. 하지만 이 시대의 과학자 갈릴레오 갈릴레이는 백 명이 그렇다고 하든, 천 명이 그렇다고 하든 눈 깜짝하지 않았어. 갈릴레이는 남의 눈치를 보지 않고 오직 자신이 직접 경험한 것, 직접 실험한 것에서부터 진리를 이끌어 내는 과학자였어.

갈릴레이는 20여 년 동안 밀물과 썰물, 태양 흑점의 위치 변화,

수학적 계산 등을 연구하여 지구 공전의 확실한 증거를 찾았단다. 갈릴레이는 지구가 태양 주위를 돈다고 확신하고 자신의 주장을 담은 책을 내기로 결정했어.

갈릴레이의 책이 나오자, 교황과 가톨릭교회가 발칵 뒤집혔어. 갈릴레이는 종교재판을 받게 되었지. 지구가 돈다는 주장을 거두지 않으면 정말 화형 당할 처지에 놓였어. 결국 갈릴레이는 자신의 주장이 틀렸다는 거짓 맹세를 하고 재판에서 풀려 났어.

종교 재판소는 갈릴레이에게 거짓 맹세를 받을 수는 있었지만, 갈릴레이의 생각을 담은 책이 돌고 도는 걸 막을 수는 없었어. 책으로 나온 갈릴레이의 생각은 사람들의 입에서 입으로, 손에서 손으로 널리 전해졌어. 훗날 갈릴레이는 '지구가 돈다.'는 주장을 한 과학자로 많은 존경을 받았단다.

결정에는 위험이 따라. 위험을 감수하고 올바른 결정을 내렸을 때, 더욱 크고 값진 결과를 얻을 수 있단다.

**과학자 아르키메데스**
# 고민을 해결해 준 목욕

목욕을 하고 있으면 몸과 마음의 긴장이 풀리며 잡념이 털려 나가 자기가 가장 중요하게 생각하는 게 무언지 깨달을 수 있어. 그럼 더 쉽게 좋은 결정을 내릴 수 있게 돼.

어떤 문제로 고민이 될 때, 잠시 그 문제를 잊는 것도 좋은 방법이야. 특히 따뜻한 물에 몸을 담그면 몸과 마음이 편안해지면서 불안과 고민 대신 창조적인 생각이 떠오르게 된단다.

그리스의 유명한 과학자 아르키메데스는 어느 날 왕에게 불려가 골치 아픈 일을 떠맡게 되었어.

"이 황금 왕관이 정말 순금으로 만들어졌는지 알아 내도록 하라!"

왕은 얼마 전 장인에게 순금을 맡겨 순금 왕관을 만들게 했어. 왕관은 아름답게 만들어졌지. 그런데 이상한 소문이 돌기 시작했어. 왕관을 만든 장인이 금을 몰래 빼돌리고 대신 은을 섞어 왕관을 만들었다는 소문이었어.

왕은 이 소문이 사실인지 아닌지 알아 내기 위해 아르키메데스를 불렀어. 그리고 왕관에 은이 섞였는지 확인하도록 시켰어.

"끙, 이를 어쩐담. 왕관에 은이 들어갔는지 확인할 방법이 도무지 없으니……."

아르키메데스는 머리가 지끈거릴 정도로 고민했어. 결국 '일단 목욕부터 하고 생각하자.'라고 결정

을 내렸어.

일단 다 잊고 목욕하기로 결정한 아르키메데스는, 욕탕에 들어간 그 순간 고민을 해결할 방법을 생각해 냈어! 욕탕의 물이 넘치는 걸 보고 부피의 원리에 대해 떠올린 거야.

"유레카!"

아르키메데스는 너무나 기쁜 나머지 벌거벗은 채 유레카를 외치며 거리를 뛰어다녔다고 해. '유레카'는 그리스어로 '알아 냈다.'라는 뜻이야.

결정을 내려야 할 때, 욕탕에 들어가 따뜻한 물에 몸을 담가 봐. 목욕을 하고 있으면 몸과 마음의 긴장이 풀리며 잡념이 털려 나가 자기가 가장 중요하게 생각하는 게 무언지 깨달을 수 있어. 그럼 더 쉽게 좋은 결정을 내릴 수 있게 돼.

**철학자 임마누엘 칸트**
# 시간 계획을 꼼꼼히

칸트는 철저하게 규칙적인 생활을 했단다. 시간을 가치있게 쓰기 위해 최선을 다했지. 그랬기에 위대한 철학자로 사람들의 가슴에 남게 된 거야.

"네 하루 일과는 어떻게 되니?"
하고 물으면 이렇게 대답하는 사람들이 많아.
"음……, 7시쯤 일어나나? 아니 8시? 일어나서 밥 먹고, 학교 가고 그러지 뭐. 좀 놀다가 숙제하고."
자기가 몇 시에 무얼 하는지 정확히 알고 있는 사람은 드물어. 하지만 결정을 잘하는 사람은 자기 행동에 대한 계획도 잘 세운단다.
그 예로 독일의 철학자 칸트는 '걸어다니는 인간 시계'라고 불릴 정도였어.
"어? 칸트 선생님이다."
"벌써 5시인가?"
칸트가 문을 열고 나오면, 사람들은 5시가 되었다는 걸 알았어. 칸트는 매일 정확히 5시에 산책을 나와, 정해진 산책 경로를 걸었어.

"칸트 선생님의 산책 시간은 마을 시계탑보다 정확해. 시계는 가끔 멈추기도 하지만 칸트 선생님은 하루도 멈추지 않거든."

"나는 칸트 선생님을 보고 시간을 맞춘다네. 하하."

그만큼 칸트는 철저하게 규칙적인 생활을 했단다. 시간을 가치있게 쓰기 위해 최선을 다했지. 그랬기에 위대한 철학자로 사람들의 가슴에 남게 된 거야.

결정을 잘하는 사람이 되려면 시간을 잘 써야 해. 계획표를 꼼꼼히 만들고, 시간을 자주 확인하자. 시계를 자주 보는 버릇은 계획에 맞추어 생활하는데 도움이 된단다.

"2시부터 숙제해야지."

"3시부터는 준비물을 챙겨 놓을 거야."

이렇게 시간에 맞추어 계획을 실천하다 보면 결정력도 점점 좋아지게 돼.

**과학자 아이작 뉴턴**

# 잠은 결정력을 높여 준다!

우리의 뇌는 졸리거나 잠이 모자랄 때에는 제대로 기능을 하지 못해. 그래서 발명왕 에디슨, 과학자 아인슈타인, 영국의 전 수상 윈스턴 처칠도 낮잠을 즐겼어.

어느 날, 사과나무 밑에서 책을 읽던 뉴턴은 한 가지 생각에 빠져 들었어.

"사람은 왜 땅에 붙어 있을까? 비는 왜 땅으로 떨어질까? 낙엽은 왜 땅으로 떨어지지?"

뉴턴의 머릿속에서 답이 떠오를 듯 말 듯 가물거렸어. 뉴턴은 저도 모르게 잠이 들었어.

"쿠울, 쿨."

신나게 자고 있는데, 뉴턴의 이마 위로 사과 한 개가 톡 떨어졌어. 잠에서 깬 뉴턴은 이마를 문지르며 중얼거렸어.

"아야야, 잘 자고 있는데 하필 지금 땅으로 떨어질 게 뭐야!"

그 때, **낮잠으로 맑아진 머리에 기막힌 생각이 번뜩 떠올랐어.**

"어쩌면 땅 아래, 지구 중심에 어떤 힘이 숨어 있는 게 아닐까? 우리를 잡아끄는 거대한 힘! 그래, 바로 중력!"

뉴턴은 그 동안 고민하던 답을 찾아 내었어.

이게 바로 낮잠의 효과야. 사람은 잠이 모자라면 좋은 생각이 떠오르지 않아. 좋은 결정도 할 수 없어. 본래 우리의 뇌는 졸리거나 잠이 모자랄 때에는 제대로 기능을 하지 못해. 그래서 발명왕 에디슨, 과학자 아인슈타인, 영국의 전 수상 윈스턴 처칠도 낮잠을 즐겼어.

미국의 하버드 대학에서는 낮잠을 잔 그룹의 사람들과 낮잠을 자지 않은 그룹의 사람들을 나누어 기억력을 실험해 보았어. 결과는 낮잠을 잔 그룹 승!

잠을 못 자면 결정력도 떨어져. 만약 어떤 결정을 해야겠는데, 도무지 망설여지기만 한다면 잠시 눈을 붙여 보자. 깨어난 다음에는 미처 떠오르지 않았던 생각이나 정보, 과거의 경험 등이 생각나 좋은 결정을 도와 줄 거야.

과학자 루이스 파스퇴르
# 머리를 쉬게 하는 결정

'급할수록 돌아가라.'는 말이 있어. 힘이 들 때는 잠시 여유를 갖고 마음을 차분히 하자. 놀랍게도 그런 결정은 종종 어려운 상황에서 돌파구가 되어 줘.

이런 생각, 저런 생각, 수많은 생각이 머릿속에 엉킬 때 뭘 해야 할까? 이럴 때는 잠시 휴식을 취하는 것도 무척 좋은 해결 방법이란다.

농가에서 닭들이 닭 콜레라로 픽픽 쓰러져 죽자, 루이스 파스퇴르는 닭 콜레라를 극복할 방법을 찾기 위해 머리를 싸매었어.

연구에 연구를 거듭했지만 답은 나오지 않았어. **파스퇴르는 연구를 잠시 미루어 두고 휴가를 떠나기로 결정했어.**

파스퇴르는 휴가를 즐기며 머리를 비웠어. 그러자 그 동안 머릿속에 복잡하게 얽혀 있던 여러 가지 지식들이 저도 모르는 새 착착 정리되었어. 하지만 휴가에서 돌아온 파스퇴르를 기다리고 있는 건

최악의 소식이었어.

"그 동안 키우고 있던 콜레라균이 다 죽었습니다."

파스퇴르는 '할 수 없지.' 하며 마음을 가라앉혔어. 휴가에서 얻은 여유가 큰 도움이 되었지.

파스퇴르는 죽은 콜레라균을 그냥 버리기가 아까웠어. 그래서 한 번 닭에게 주사해 보기로 했어. 곧 놀라운 일이 벌어졌어! 죽은 콜레라균 주사를 맞은 닭은 새 콜레라균 주사를 맞고도 멀쩡했어. 죽은 콜레라균 주사를 맞지 않은 닭은 새 콜레라균 주사를 맞고 모두 죽었지.

'죽은 균이 질병을 예방할 수 있다.'

파스퇴르는 인류의 미래를 바꾸어 놓을 커다란 발견을 해낸 거야!

'급할수록 돌아가라.' 는 말이 있어. 힘이 들 때는 잠시 여유를 갖고 마음을 차분히 하자. 놀랍게도 그런 결정은 종종 어려운 상황에서 돌파구가 되어 줘. 조급한 마음에 보이지 않았던 해결 방법이 우리 앞에 생겨나게 되지.

**철학자 버트런드 러셀**
# 우유부단함을 버려라!

우유부단함 때문에 자기 의견을 세우지 못해 계속 고민만 하는 것은 바보 같은 짓이야. 가장 최선이라 생각되는 쪽으로 결정한다면 좋은 결과가 찾아올 거야.

옛날, 아버지와 아들이 당나귀를 팔기 위해 길을 가고 있었어. 한 사람이 말했어.

"당나귀를 타고 가면 편할 텐데. 어리석군."

아버지는 아들을 당나귀에 태웠어. 그러자 다른 사람이 말했어.

"쯧쯧, 늙은 아버지를 걷게 하다니."

아버지는 아들을 내리고 자기가 당나귀에 탔어. 그러자 또 다른 사람이 말했어.

"아휴, 힘들어하는 당나귀 좀 봐. 불쌍해라."

아버지는 당나귀에서 내려 긴 나무에 당나귀의 다리를 묶어 아들과 함께 어깨에 걸쳐 멨어. 그런데 강을 건너는 중에 당나귀가 발버둥을 치기 시작했어. 당나귀의 버둥거림에 줄이 끊어졌고, 당나귀는 물에 빠져 죽고 말았지.

아버지가 참 한심하다는 생각이 들지 않니? 이 사람 말에 흔들렸다, 저 사람 말에 흔들렸다, 결국 당나귀만 잃고 말았잖아.

우유부단함 때문에 자기 의견을 세우지 못해 계속 고민만 하는 것은 바보 같은 짓이야.

노벨문학상을 받은 영국의 철학자 버트런드 러셀은 할머니와 할아버지 밑에서 자랐어. 귀족 가문의 할머니는 무척 엄한 분이었어. 정확한 원칙을 갖고 단호하게 결정을 내렸단다. 러셀은 이런 영향을 받아 우유부단함이야말로 사람을 무능하게 만드는 원인이라고 생각했어.

"고민만 하며 망설이지 마세요. 망설이기보다는 불완전한대로 결정하고 시작하세요. 그게 한 걸음 나아가는 길입니다. 재능 있는 사람이 무능해지는 건 우유부단한 성격 때문이에요."

끙끙 고민만 하고 있다가는 죽도 밥도 안 돼. 가장 최선이라고 생각되는 쪽으로 결정한다면 좋은 결과가 찾아올 거야.

### 과학자 리처드 파인먼
# 노벨물리학상을 받게 한 '놀이'

어떤 문제를 즐겁게 생각하며 할 때와 하기 싫은 마음으로 할 때 중 언제 더 좋은 결과를 낼 수 있을까? 물론 즐겁게 생각하며 할 때란다.

'아는 것은 좋아하는 것만 못하고, 좋아하는 것은 즐기는 것만 못하다.'

이 말은 정말 가슴에 쏙 와 닿아. 내가 아는 것을 할 때보다, 내가 좋아하는 걸 할 때 더 신나고, 내가 좋아하는 걸 할 때보다 내가 즐기는 걸 할 때 더 신나잖아!

물리학자 리처드 파인먼에게 물리학은 '놀이'였어. 주어진 문제는 '풀어야 할 문제'가 아니라 그냥 '재미있는 문제'였고, 파인먼은 그 문제를 풀고 싶었고, 그래서 풀어 버렸단다.

한번은 파인먼이 학교 식당에서 밥을 먹고 있을 때였어. 학생들이 한 쪽에서 붉은색 코넬 대학 로고가 찍힌 둥근 식판을 던지며 놀고 있었어. 파인먼은 식판이 날아가는 모습을 보고, 무늬가 식판의 회전보다 훨씬 빠르게 움직인다는 사실을 알게 되었어.

'왜 그럴까?'

파인먼은 그 이유를 찾기로 결정했어. 놀이에서 발견한 현상에는 '법칙'이 있었고, 그 법칙이 매우 복잡한 방정식으로 풀이된다는 걸 알아 냈어. 파인먼은 동료 교수에게 달려가 외쳤어.

"한스, 이걸 봐. 재밌는 걸 알아 냈어."

파인먼은 동료에게 법칙과 복잡한 방정식을 줄줄이 설명했지. 그러자 가만히 듣고 있던 동료가 뚱하니 물었어.

"근데 그걸 왜 푸는 거야? 그게 뭐가 중요한 거지?"

이 때 파인먼이 뭐라고 대답했는지 아니?

"재밌잖아."

파인먼은 여러 가지 문제를 가지고 놀았어. 그렇게 문제를 풀며 놀다가 어느 날 '다이어그램'이라는, 물리학에서 무지무지 중요한 도형을 만들어 냈단다. 노벨물리학상을 받은 파인먼은 훗날 이렇게 말했어.

"다이어그램은 날아가는 식판에서 시작되었어요."

어떤 문제를 즐겁게 생각하며 할 때와 하기 싫은 마음으로 할 때 중 언제 더 좋은 결과를 낼 수 있을까? 물론 즐겁게 생각하며 할 때란다. 결정을 내리기 전에 문제를 즐거운 마음으로 대하도록 노력해 보렴!

### 과학자 찰스 다윈
# 백 번 고민하느니 한 번 실험하라!

머리로만 생각해서는 답이 안 나올 때가 있어. 그럴 때는 다윈처럼 직접 부딪혀 실험해 보고, 그 결과에 따라 결정하자. 실험을 통한 결정은 후회를 줄이는 확실한 선택이 될 거야.

'백 번 듣는 것이 한 번 보는 것보다 못 하다.' 라는 말 알지?

그럼 백 번 고민하는 것이 한 번 실험하는 것보다 못 하다는 건 아니? **어떻게 해야 할지 알 수 없을 때, 고민만 하고 있으면 소용이 없어. 이럴 때는 실험을 해 보아야 해.**

영국의 찰스 다윈은 의사가 되기 위해 애든버러 대학 의학부에 들어갔어. 하지만 다윈은 의학부에 들어와서야 자기에게 의학이 맞지 않는다는 걸 깨달았어. 마취제도 없이 수술하는 모습을 보고는 기절할 뻔하기도 했지.

그래서 다윈은 학교를 바꾸기로 했어. 케임브리지에 있는 신학대에 들어간 거야. 그런데 이 곳에서 다윈의 관심을 끈 건 신학이 아니라 박물학이었어. 박물학은 동물, 식물, 광물 등 자연물의 종류, 성질, 분포, 생태 등을 연구하는 학문으로 넓은 뜻으로는 동물학, 식물학, 광물학, 지질학을 아우른단다.

다윈은 이 때에야 비로소 자신의 미래를 결정했단다.

"식물, 동물, 생물들을 관찰하는 것이야말로 내가 바라는 거야."

다윈은 식물학 강의를 하는 헨슬로 교수를 그림자처럼 따라다니며 공부를 했어. 대학을 졸업한 다음에는 지질학자와 함께 북부 웨일즈 지방의 지질을 조사했어. 그 후, 다윈은 남미와 서인도 제도를 탐사하는 해군 측량선 비글 호를 타고 5년에 걸친 긴 항해를 떠났어. 이 항해에서 다윈은 생물들이 자연 환경에 맞추어 진화한다는 걸 깨닫고 '진화론'을 주장하게 되었단다.

머리로만 생각해서는 답이 안 나올 때가 있어. 그럴 때는 다윈처럼 직접 부딪혀 실험해 보고, 그 결과에 따라 결정하자. 실험을 통한 결정은 후회를 줄이는 확실한 선택이 될 거야.

**과학자 멘델레예프**
# 기대는 조각상도 살아나게 한다!

멘델레예프에게서 보듯, 부모님의 기대는 우리가 노력하고 성장할 수 있는 밑거름이 될 뿐 아니라 우리가 좋은 결정을 할 수 있도록 이끌어 주는 힘이 된단다.

피그말리온 효과라는 말이 있어. 타인이 나에게 기대하는 믿음이 있으면 정말로 기대에 맞는 행동을 하게 되는 것을 말하지.
러시아의 멘델레예프는 어려서부터 무척 똑똑하고 논리적이었어.
"멘델레예프, 너는 훌륭한 과학자가 될 거야."
멘델레예프의 어머니는 멘델레예프에게 큰 기대를 걸었어. 그러나 멘델레예프는 과학과 수학을 뺀 다른 과목의 점수는 늘 형편없었어. 말썽도 얼마나 피웠는지 몰라. 아버지가 돌아가신 뒤, 어머니는 재산을 정리해 15살의 멘델레예프를 데리고 도시로 가 대학에 입학시켰어. 어머니는 멘델레예프의 미래에 큰 기대를 걸었어. 그러나 다음 해, 어머니는 멘델레예프가 재능을 꽃피우기도 전에 심장병으로 세상을 뜨고 말았어.

우리 딸 ♥ 파이팅! 넌 할 수 있어!

그 후 멘델레예프는 달라졌어. 자기를 사랑하고 믿어 주었던 어머니의 기대를 이루리라 결정한 거야. 멘델레예프는 모든 노력을 기울여 마침내 러시아 최고의 과학자가 되었지. 멘델레예프에게서 보듯, 부모님의 기대는 우리가 노력하고 성장할 수 있는 밑거름이 될 뿐 아니라 우리가 좋은 결정을 할 수 있도록 이끌어 주는 힘이 된단다.

뭐? 너만 어머니의 기대에 따라 노력하는 게 억울하다고? 그럼 너도 어머니에게 피그말리온 효과를 기대해 봐.

"어머니는 정말 다정다감해요."

이렇게 자꾸 말하면 어머니도 너의 기대에 따라 더욱 다정다감하게 대해 주시지 않겠어?

**과학자 마이클 패러데이**

# 최선의 **행동**이 최고의 **결정**

패러데이는 꿈을 이루기 위해 늘 최선의 행동을 했어. 그 당시 자기가 가장 잘할 수 있는 일이었던 책을 만들어 보내는 것으로 데이비의 마음을 움직였지.

영국 소년 패러데이의 집은 가난하기 짝이 없었어. 패러데이는 신문 배달, 상점의 심부름꾼을 거쳐 라보라 제본소에 견습공으로 들어갔어. 제본소는 책을 만드는 곳이야.

'제본소에서 일하면 책을 잔뜩 읽을 수 있을 거야.'

패러데이는 이 곳에서 책을 만들며 과학에 관한 책을 읽고 과학에 푹 빠져들었어. 그러던 어느 날, 패러데이는 험프리 데이비라는 유명한 화학자의 강연을 듣게 되었어.

'저 사람처럼 과학자가 될 수 있다면······.'

패러데이는 자기를 돌아보았어. 가난한 대장장이의 아들로 태어나 학교도 제대로 마치지 못한 자신이 훌륭한 화학자가 될 수 있을까? 하지만 패러데이는 포기하지 않았어.

'좋아. 최선을 다해 보자. 내가 가장 잘할 수 있는 걸로 내 마음을 전하자. 그것에 내 인생을 걸어 보자.'

　패러데이는 이렇게 결정했단다. 패러데이는 데이비의 강연을 열심히 듣고 공책에 적은 다음, 다시 책으로 만들었어. 책 안에 그림을 그리고 색을 입혀 멋지게 꾸며서 그 책을 데이비에게 보냈어. 왕립연구소의 실험 조수가 되고 싶다는 간절한 편지와 함께.

　험프리 데이비는 패러데이의 정성에 감동했어. 이렇게 해서 패러데이는 영국 왕립연구소의 직원이자, 험프리 데이비의 실험 조수가 되었단다.

　패러데이는 데이비의 실험을 보조하면서 뛰어난 업적을 남기기 시작했어. 나중에는 왕립연구소의 화학 교수가 되어, 데이비 못지않은 존경을 받는 과학자가 되었어.

　패러데이는 꿈을 이루기 위해 늘 최선의 행동을 했어. 그 당시 자기가 가장 잘할 수 있는 일이었던 책을 만들어 보내는 것으로 데이비의 마음을 움직였고, 성실하게 그를 보조해 최후에는 널리 인정받는 과학자가 되었지.

　네가 할 수 있는 최선의 행동이 무엇인지 생각해 봐. 최고의 결정은 최선의 행동을 할 때 나온단다.

실 / 천 / 하 / 기

# 과학자가 되고 싶니?

"하늘은 왜 파랄까?"
"무지개는 어떻게 하늘에 걸리지?"
어느 날 문득, 이런 궁금증이 생겼던 때를 기억하니? 훌륭한 과학자들은 이런 궁금증을 참고 넘기지 않았어. 끝까지 탐구해 그 비밀을 알아 냈단다. 세상의 비밀을 알아 내는 사람, 과학자가 되는 방법은 무엇일까?

### ① 끈질기게 답 찾기

과학자는 끈기가 있어야 해. 한 가지 궁금한 게 있으면 답을 찾을 때까지 끈질기게 생각하고 열심히 파고들지. 끈질김은 과학자가 갖추어야 할 가장 중요한 덕목 중 하나란다.

### ② 새로운 경험 쌓기

과학자는 남이 발견하지 못한 새로운 비밀을 밝혀 내는 사람이야. 남이 만들지 못한 새로운 발명품을 만드는 사람이기도 해. 그러니까 과학자가 되려면 남들과 똑같이 생각해서는 안 돼. 책을 읽고, 음악을 듣고, 영화를 보며 새로운 경험을 쌓자. 새로운 경험은 남이 지금까지 생각해 내지 못한 새롭고 기발한 시각을 갖게 해 줄 거야.

### ③ 관찰, 또 관찰!

너는 주위를 잘 관찰하는 편이니? 집 앞 나무가 어떻게 잎을 맺고 꽃을 피우는지 관찰하고, 화단의 개미가 어떻게 기어다니는지 관찰해 보자. 열심히 관찰하다 보면 새로운 사실을 발견하게 되고, 새로운 발견은 너에게 커다란 즐거움을 줄 거야. 그 가운데 관찰력과 과학적 사고가 저절로 자라게 될 거란다.

### ④ 스스로 답 찾기

과학자가 되려면 조급해서는 안 돼. 충분한 시간을 갖고 스스로 문제를 탐구하자. 생각만으로 답이 안 나올 때에는 도서관에 찾아가 책을 찾거나 인터넷을 검색해 답을 알아 내자. 그러면 자신감과 탐구심이 부쩍부쩍 자라게 될 거야.

# #7

## 왕과 대통령

King Determination President

061 가이우스 율리우스 카이사르 _ 주사위를 던져라!
062 나폴레옹 보나파르트 _ 기준을 정해 두자!
063 당 태종 _ 다른 사람의 말에 귀 기울이기
064 세종대왕 _ 우리글을 만드는 이유
065 에이브러햄 링컨 _ 화가 날 때는 결정을 미뤄라!
066 에드워드 8세 _ 나를 진짜 행복하게 하는 것
067 데이오케스 _ 힘들게 얻은 것이 더 값진 법
068 존 F. 케네디 _ 언 발에 오줌 누지 말라!
069 왕건 _ 겸손한 사람이 진짜 똑똑한 사람
070 칭기즈칸 _ 친구의 말에 귀 기울여라!
실천하기 _ 대통령이 되고 싶니?

정치가 가이우스 율리우스 카이사르
# 주사위를 던져라!

주사위를 던져야만 승리든, 패배든 결과를 얻을 수 있어. 가능성이 조금이라도 있다면, '나는 승리할 수 있다.'는 믿음을 갖고 최선을 다해야 한단다.

카이사르는 크라수스, 폼페이우스와 함께 로마와 로마 주위의 영토를 다스리는 집정관이 되었어. 그런데 이들 중 크라수스가 죽자, 폼페이우스는 호시탐탐 카이사르를 치고 로마를 차지할 궁리를 했어. 폼페이우스는 원로들과 힘을 합쳐 카이사르의 군사력을 빼앗으려고 했어. 로마의 원로들은 카이사르에게 명령을 내렸어.

"병사들을 지휘하는 군사 지휘권을 포기해라."

카이사르는 눈앞이 캄캄했어. 만약 카이사르가 군사 지휘권을 포기한다면 폼페이우스는 '이 때다!' 하며 카이사르를 없애려고 들 것이기 때문이야.

카이사르는 폼페이우스와 원로들에 맞서기 위해 군사들을 이끌고 루비콘 강 앞까지 왔어. 이 때에는 어떤 장군도 루비콘 강을 건너 수도로 올 때 군대를 이끌고 와서는 안 된다는 법이 있었어. 이 법을 어긴다면 전쟁이 일어날 게 뻔했지.

이제 카이사르는 결정을 내려야 했어. 군대를 이끌고 루비콘 강을 건너느냐, 마느냐.

루비콘 강을 건너지 않는다면? 당장은 평화로울지 몰라도 카이사

르는 폼페이우스에게 패배할 거야.

　루비콘 강을 건넌다면? 당장에는 전쟁으로 고통스럽겠지만 카이사르는 승리할 수도 있고, 패배할 수도 있어.

　카이사르는 도전 정신을 발휘해 결정을 내렸어.

　"주사위는 던져졌다! 가자, 신들이 손짓하는 곳으로!"

　카이사르의 군대는 루비콘 강을 건너 로마로 진격해 곳곳에서 승리를 거두었고 대 로마 제국 건설의 발판을 마련했어.

　기회가 왔을 때 잡지 않으면 기회는 그냥 지나가 버려. 주사위를 가만 쥐고 있으면 절대로 승리할 수 없지. 주사위를 던져야만 승리든, 패배든 결과를 얻을 수 있어. 가능성이 조금이라도 있다면, '나는 승리할 수 있다.'는 믿음을 갖고 최선을 다해야 한단다.

주사위는 던져졌다!
전진! 앞으로!

**황제 나폴레옹 보나파르트**
# 기준을 정해 두자!

나폴레옹처럼 일에 기준을 정해 두자. 그럼 고민하고 흔들릴 일이 적어진단다. 자기 기준을 갖고 있으면 결정이 쉬워지고, 결정력도 더욱 커지게 되지.

사람들마다 좋아하는 것이 따로 있어.

어떤 사람은 콜라를 좋아하고, 어떤 사람은 사이다를 좋아하고, 어떤 사람은 포도 쥬스를 좋아해. 자기가 좋아하는 음료수를 기준으로 정해 두면, 나중에 여러 음료수 가운데 한 음료수를 고를 때 고민하지 않아도 돼.

프랑스의 나폴레옹은 커피를 좋아했어. 청년 시절 나폴레옹은 매일 카페에 출근 도장을 찍었다고 해. 카페를 하루에 열댓 번씩 들락날락 할 만큼 엄청난 커피광이었단다. 커피 값이 없으면 돈을 구할 때까지 군모를 맡겨 놓고 커피를 마실 정도였지.

나폴레옹은 생활에서도 기준을 정해 두었어. 일을 할 때는 늘 제복을 입었고, 차는 늘 커피를 마셨고, 식사 때에는 늘 생베르탱산 와인을 마셨어. 그래서 어떤 옷을 입을까, 어떤 차를 마실까, 어떤 와인을 마실까 고민하지 않았어.

그 뿐만이 아니야. 나폴레옹은 사람을 평가하는 기준도 세워 놓았어. 바로 '능력' 이었어.

"성공은 출생이나 운이 아니라 능력으로 결정돼."

나폴레옹의 이런 생각은 시대를 앞선 것이었어. 이제까지 아무도 귀족보다 기계공의 아들이 먼저 출세할 수 있을 거라고는 생각하지 못했거든.

나폴레옹은 누구를 진급시킬까 고민하지 않았어. 철저하게 실력에 따라 진급시켰을 뿐이야. 누구의 친구니, 누구의 아들이니 하는 건 아무 소용이 없었어. 그러다 보니 자연히 능력 있는 사람들이 나폴레옹의 주위에 많아지게 되었고, 이들은 나폴레옹을 도와 승리를 이끌었단다.

나폴레옹처럼 일에 기준을 세워 두자. 그럼 고민하고 흔들릴 일이 적어진단다. 자기 기준을 갖고 있으면 결정이 쉬워지고, 결정력도 더욱 커지게 되지.

**황제 당 태종**
# 다른 사람의 말에 귀 기울이기

결정을 내려야 할 때, 태종처럼 여러 사람에게 의견을 듣고 되새기자. 균형 있는 생각은 네가 나쁜 결정을 내리는 걸 막아 줄 거야.

이왕이면 누구나 좋은 결정을 내리고 싶어해. 그래서 다른 사람의 의견에 귀를 기울여.

그런데 여기에 함정이 있어. 사람들은 좋은 결정을 내리기 위해 다른 사람의 의견에 귀를 기울이려고 하지만, 막상 그 사람의 의견이 자기와 다르면 허투루 넘겨 버리고 만단다. 그리고 자기가 바라는 말을 해 주는 사람의 의견에만 귀를 기울이는 실수를 범해.

'내가 생각하는 결정이 정답이야.'

이렇게 생각하기 때문이야.

다른 사람의 말에 귀 기울인다고 해도, 자기가 듣고 싶은 말만 골라 들으면 소용이 없어.

당나라의 황제 태종은 스무 살 무렵 중국을 통일하고 나라를 훌륭하게 다스렸어. 백성들을 위한 공정한 정치를 펴, 두고두고 다음 황제들의 모범이 되었단다. 태종은 결단력을 가진 두여회, 기획력을 가진 방현령, 강직한 성품의 위징 등 훌륭한 신하를 많이 두었어.

**태종은 신하들의 의견을 귀담아들었고, 신하들은 태종의 뜻과 다른 의견을 말하는데 주저함이 없었**

**어.** 특히 위징은 곧이곧대로 바른 말을 해 태종의 속을 뒤집어 놓곤 했어. 태종은 화가 나 붉으락푸르락 했다가도, 마음을 진정하고 올곧게 말하는 위징의 말을 되새겼지.

결정을 내려야 할 때, 태종처럼 여러 사람에게 의견을 듣고 되새기자. 네가 모험심이 강하다면 신중한 사람의 의견을, 부정적인 사람이라면 긍정적인 사람의 의견을 함께 듣고 균형을 유지해야 해. 균형 있는 생각은 네가 나쁜 결정을 내리는 걸 막아 줄 거야.

**국왕 세종대왕**
# 우리글을 만드는 이유

세종대왕처럼 결정에 대한 이유를 생각하고 결정하자. 내가 내리려는 결정이 과연 옳은지, 아니면 옳다고 생각한 게 착각이었는지 생각해 보면 보다 바른 결정을 내릴 수 있단다.

조선시대 초까지만 해도 우리 나라에는 우리글이 없었어. 한자는 외울 것도 많고 쓰기도 어려워 일반 백성들은 글을 쓸 줄 몰랐어. 세종대왕은 백성들이 글을 모르는 게 안타까웠어.

'우리말에 맞는 우리글이 있다면 얼마나 편리할까?'

세종대왕은 우리글이 생기면 좋은 이유를 꼽아 보았어.

'우리말을 우리글로 편히 적을 수 있어서 좋을 거야. 백성들이 글을 쉽게 배울 수 있어서 좋을 거야. 그럼 백성들도 책을 읽고 편지를 나누고, 자기 생각을 남에게 전할 수 있게 되어 좋을 거야.'

세종은 드디어 결정을 내렸어.

"여봐라, 우리말에 맞는 우리글을 만들도록 하라. 누구나 익히기 쉽고 쓰기 쉬운 글을 만들어야 한다!"

그러자 수많은 유학자들이 반대했어. 유학자들은 중국의 말인 한자를 최고로 여겼기 때문에 다른 글자를 만드는 게 중국에 부끄러운 일이라고 생각했거든. 세종이 유학자들의 말에 설득당해 우리글 만들기를 멈추었다면 우리는 아직도 우리글이 없는 민족이 되었을 거야. 하지만 세종은 우리글이 필요한 이유를 충분히 생각했기 때문에 조금도 굽힘없이, 오히려 당당하게 유학자들을 나무랐단다.

"새로운 글자를 만드는 것은 백성을 편안하게 하려는 일이다. 그대들은 내 곁에 있으면서 내 뜻을 분명히 알 터인데 반대하는 것이 과연 옳은 일인가?"

세종대왕처럼 결정에 대한 이유를 생각하고 결정하자. 이왕이면 그 이유를 목록으로 만드는 게 좋아. 그 목록을 읽어 보면 자기가 내린 결정이 과연 옳은지, 아니면 옳다고 생각한 게 착각이었는지 확인할 수 있어서 보다 바른 결정을 내릴 수 있단다.

세종대왕이 만든 우리글 덕에 우리는 고유의 우리말과 글을 가진 민족으로서 강한 자부심을 갖게 되었어. 한글은 우리 문화의 자랑거리이자, 세계적인 문화유산이야.

**대통령 에이브러햄 링컨**

# 화가 날 때는 결정을 미뤄라!

분노는 우리를 충동적이고, 이기적으로 만들어. 또, 보통 때보다 훨씬 위험을 무릅쓰게 만든단다. 그러니 화가 났을 때에는 중요한 결정을 내리지 말도록 하자.

　1863년, 미국에서 남북전쟁이 벌어지고 있을 때였어. 남군이 북군에 밀려 강으로 후퇴했는데, 강이 폭우로 넘치는 바람에 궁지에 몰리고 말았어. 이 때야말로 남군을 싹 쓸어 버릴 좋은 기회였지.
　링컨은 특사를 보내어 자신의 뜻을 전했어.
　"작전 회의로 시간을 낭비하지 말고 남군을 추격하시오!"
　그런데 미드 장군은 남군을 공격하기는커녕 작전 회의를 열며 추격을 늦추었단다. 그 덕에 남군은 무사히 강을 건너 후퇴하고 말았어. 이 사실을 안 링컨 대통령은 화가 머리끝까지 났어. 가슴 속에서 끓어오르는 분노를 참을 수가 없었지. 링컨은 종이에 펜으로 휘갈겨 편지를 썼어.
　"미드 장군, 당신은 전쟁을 끝낼 훌륭한 기회를 놓쳤소. 그건 하늘이 주신 기회였소."

그러나 미드 장군은 전쟁이 끝나고 링컨 대통령이 죽을 때까지도 이 편지를 받지 못했어. 링컨이 부치지 않았기 때문이야.

링컨은 분노가 가실 때까지 편지 보내는 걸 미루었어. 분노가 가라앉고 나니 머리가 맑아지며 이런 생각이 떠올랐어.

'백악관에 앉아 공격 명령을 하는 건 쉬운 일이야. 그러나 미드 장군처럼 눈앞에서 부하들의 죽음과 고통을 봐야 했다면 나도 선뜻 공격하기 어려웠겠지. 이미 지나간 일이야. 내가 이 편지를 보내면 기분은 좀 풀리겠지만 편지를 받은 미드 장군의 마음은 어떻겠어?'

링컨이 그 편지를 보냈다면, 미드 장군은 책임을 느끼고 총사령관 자리에서 물러났을 거야. 그렇다면 북군은 남군을 무찌르지도 못하고, 훌륭한 장군까지 잃어 손해가 이만저만 아니었을 거야.

**링컨은 분노했을 때는 결정을 미룸으로써 현명한 결정을 할 수 있었단다.**

분노는 우리를 충동적이고, 이기적으로 만들어. 또, 보통 때보다 훨씬 위험을 무릅쓰게 만든단다. 그러니 화가 났을 때에는 중요한 결정을 내리지 말도록 하자.

분노한 결정으로 큰 손해를 볼 뻔했군.

저런 나의 모습 무척 부끄럽군. 화가 났을 때는 결정을 미루도록 하자.

분노의 편지

**국왕 에드워드 8세**
# 나를 진짜 행복하게 하는 것

하나를 포기하고 하나를 선택해야만 하는 상황이 온다면, '나를 진짜 행복하게 하는 것'이 무엇인지 잘 생각하렴. 그래야 후회가 더 적은 결정을 할 수 있단다.

에드워드 8세는 1936년 영국의 국왕이 되었어. 아직 결혼하지 않았던 총각 왕은 심프슨이라는 한 미국 여자와 사랑에 빠졌어. 이 여자는 벌써 두 번이나 이혼한 경력이 있었단다.

"안 됩니다. 영국 왕실에 이혼한 여자를 들일 수는 없어요!"

영국 왕실은 발칵 뒤집혔어. 에드워드 8세는 고민에 빠졌어. 왕좌를 지키려면 심프슨 부인과 헤어져야 했고, 사랑을 택하려면 왕좌에서 물러나야 했지.

에드워드 8세는 오랜 고민 끝에 왕위를 버리기로 결정했단다. 에드워드 8세는 라디오를 통해 영국 국민들에게 결정을 알렸어.

"짐은 사랑하는 여인의 내조와 뒷받침 없이는 국왕으로서의 중책과 의무를 다할 수 없다고 판단했소. 짐은 왕좌를 버리고 사랑을 선택하겠소."

영국 국민들의 충격은 이루 말할 수 없었단다.

에드워드 8세는 국왕의 자리에서 물러나 윈저공이 되었어. 윈저공은 프랑스로 건너가 심프슨 부인과 결혼했지. 윈저공은 오랜 세월이 흐른 후 심프슨 부인에게 이런 글을 남겼어.

"나는 아무것도 후회할 필요 없고, 그렇게 하지도 않소. 나는 당신 없이는 존재할 수 없다는 한 가지 사실만을 알고 있다오."

세상에는 수많은 사람들이 살고 있고, 사람마다 자기가 생각하는 소중한 가치는 다 다르단다. 어떤 사람에게는 성공이 중요하지만, 어떤 사람에게는 가정이 중요해. 어떤 사람에게는 명예가 중요하지만, 어떤 사람에게는 사랑이 중요해. 하나를 포기하고 하나를 선택해야만 하는 상황이 온다면, '나를 진짜 행복하게 하는 것'이 무엇인지 잘 생각하렴. 그래야 후회가 더 적은 결정을 할 수 있단다.

**국왕 데이오케스**
# 힘들게 얻은 것이 **더 값진** 법

사람들은 힘들게 얻은 것일수록 그 가치를 더욱 크게 여기고 소중히 대해. 힘들게 얻은 것과 쉽게 얻은 것 중 하나를 선택해야 한다면 사람들은 힘들게 얻은 걸 선택하기 마련이란다.

먼 옛날, 지금으로부터 2700여 년 전, 여러 개의 부족으로 이루어진 메디아라는 나라가 있었어. 메디아의 부족들은 처음에는 아무 정치 조직 없이 마을에 모여 살았어. 그 가운데 데이오케스라는 족장은 공정하게 재판을 해 주는 훌륭한 재판관으로 이름이 높았어. 사람들은 다툼이 생기면 데이오케스를 찾아갔단다.

데이오케스의 이름이 점점 높아지던 어느 날, 데이오케스는 갑자기 재판관을 그만두기로 결정했어. 그러자 메디아는 혼란에 빠졌어. 공정하게 재판해 줄 사람이 없으니 사람들은 서로 다투고 하내기 바빴어.

"이래서는 안 됩니다. 우리에게는 지도자가 필요해요."

"그래요. 왕을 세웁시다. 왕이 되실 분은 데이오케스 님밖에 없습니다!"

사람들은 데이오케스에게 달려가 왕이 되어 달라고 사정했어. 하지만 데이오케스는 고개를 저었어.

"내 결정은 바뀌지 않소."

몇 번을 찾아가도, 데이오케스는 계속 거절했어. 사람들이 이 나라를 위해 제발 왕이 되어 달라고 애걸복걸하자, 그제야 데이오케스는 왕이 되어 주기로 했단다.

그런데 데이오케스는 왜 재판관을 그만두었을까? 왜 몇 번이나 왕이 되어 달라는 부탁을 거절했을까?

바로 자신의 가치를 높이기 위해서였어. 사람들은 힘들게 얻은 것일수록 그 가치를 더욱 크게 여기고 소중히 대하는 법이거든. 데이오케스는 그 사실을 잘 알고 있었어. 힘들게 얻은 것과 쉽게 얻은 것 중 하나를 선택해야 한다면 사람들은 힘들게 얻은 걸 선택하기 마련이란다.

**가치를 높이는 결정, 쉬워 보이지만 능력과 배짱이 필요한 어려운 일이야.**

**대통령 존 F. 케네디**

# 언 발에 오줌 누지 말라!

케네디 대통령은 '눈앞에서 벌어지는 사건에 휩쓸려 결정을 내려서는 안 된다.'는 걸 알고 있었어. 좋은 결정을 하기 위해서는 눈앞의 결과보다 더 먼 미래의 결과를 생각해야 해.

## 찬바람이 쌩쌩 부는 겨울날, 언 발에 오줌을 누면 어떻게 될까?

아마 오줌을 누는 동안은 '아, 따뜻해!' 하고 좋아할 거야. 하지만 오줌을 다 누고 나면 발은 더 차갑게 식을 테고, 나중에는 꽁꽁 얼어 동상에 걸리게 될지도 몰라.

사람들은 가끔 눈앞의 이익을 쫓느라 더 큰 손해를 보기도 한단다. 미국도 1962년에 그런 일을 겪을 뻔했어. 이 시기, 미국과 소련은 서로 으르렁대는 원수 관계였어. 그 해 10월, 미국은 무시무시한 정보를 얻게 되었어. 소련 편인 쿠바에 핵미사일 기지가 만들어지고 있다는 정보였어. 쿠바에서 미국의 플로리다 해안까지는 고작 145킬로미터밖에 되지 않았어. 케네디 대통령은 회의를 열고 이를 어떻게 할지 의논했어. 사람들은 저마다 의견을 내놓았어.

"먼저 공격해 미사일 기지를 파괴해야 합니다."

"바다를 막아 소련의 배가 쿠바에 도착하는 걸 막아야 합니다."

자, 너라면 이 가운데 어떤 결정을 내리겠니?

케네디 대통령은 깊이 생각했어.

'만약 우리가 쿠바의 미사일 기지를 파괴한다면, 눈앞의 적이 사라져 당장은 편안할 거야. 하지만 그건 언 발에 오줌 누기와 같아. 왜냐하면 소련이 "너희가 먼저 공격했으니, 우리도 공격하겠어." 하며 전쟁을 벌일 테니까. 잘못하다간 제3차세계대전이 벌어져 핵폭탄이 세계 곳곳에서 터지게 될 거야.'

케네디 대통령은 '눈앞에서 벌어지는 사건에 휩쓸려 결정을 내려서는 안 된다.'는 걸 알고 있었어. 그래서 미래를 생각하며 깊이 고민한 끝에 바다를 막아 소련의 배들이 쿠바로 들어갈 수 없게 했어.

그러자 소련은 '미국이 쿠바를 침공하지 않는다면, 쿠바에 미사일 기지를 세우지 않겠다.'고 친서를 보냈고, 미국은 '좋다.'는 친서로 답했어. 그리하여 제3차세계대전의 위기가 지나갔단다.

좋은 결정을 하기 위해서는 눈앞의 결과보다 먼 미래의 결과를 생각해야 해.

**국왕 왕건**

# 겸손한 사람이 진짜 똑똑한 사람

고려를 세운 태조 왕건은 마음이 넓고 겸손한 사람이었어. 스스로를 낮출 줄 알았기 때문에, 많은 사람들의 존경을 받았지.

똑똑한 사람이 잘난 척하는 모습을 보면 어때?

'야, 똑똑하니까 잘난 척해도 멋있다!'

이런 생각이 들지는 않을 거야. 오히려 '저 사람 왜 저래?' 하고 불쾌해하겠지.

'나는 아는 게 많아. 만물박사야.' 하고 자부하는 사람은 정보를 모으는 데에도 소홀하단다. 자기가 옳다고 지나치게 믿기 때문에, 다른 사람의 말이나 의견, 정보를 들으려고 하지 않아. 제 생각에 취해 결정을 내리니 올바른 결정을 할 수가 없지.

벼는 익을수록 고개를 숙여. 지성은 잘난 척하지 않아도 저절로 풍겨 나오지. 이런 사람에게는 저절로 사람이 따른단다.

고려를 세운 태조 왕건은 마음이 넓고 겸손한 사람이었어. 스스로를 낮출 줄 알았기 때문에, 많은 사람들의 존경을 받았지. 왕건은 가정에서도, 부하 장수들에게서도, 지방 호족 세력들에게서도 언제나 충분한 대화를 통해 정보를 얻었어.

'나는 모르는 게 많아. 그러니까 더 많이 아는 다른 사람들에게 정보를 듣고 결정하겠어.'

이런 마음으로 사람을 대하고 정보를 얻었지. 그렇게 다른 사람을 존중하니 지방 호족들 사이에 인기가 날로 높아졌고, 이들의 큰 지지를 받아 고려의 왕이 될 수 있었어. 겸손한 행동이야말로 진짜 현명한 행동이었던 거야.

참, 그렇다고 왕건이 이 말에 흔들리고 저 말에 흔들리는 갈대였다고 생각하는 건 아니겠지? 왕건은 주위 사람들에게서 정보를 수집해 상황을 분석했고, 자신의 직관을 통해 결정을 내렸어. 분석과 직관을 적절히 섞어 최선의 결정을 찾아 내었단다.

좋은 결정을 하고 싶다면 자만심을 버리고 주위 사람들의 말에 귀를 기울여야 해.

**황제 칭기즈칸**

# 친구의 말에 귀 기울여라!

칭기즈칸이 커다란 대륙을 정복할 수 있었던 이유 중 하나는 주위의 말에 귀 기울여 현명함을 배우는 자세에 있었어. 현명한 사람은 칭기즈칸처럼 사람들의 말에 귀를 기울인단다.

친구가 많은 사람은 큰 실수를 하지 않아. 왜 그럴까? 중요한 결정을 할 때, 여러 사람의 충고를 들을 수 있기 때문이란다.

충고를 들을 때는 여러 사람이 함께 있는 자리에서 듣기보다, 개인 대 개인으로 만나서 이야기를 나눌 때에 더 정확하고 깊은 충고를 들을 수 있어.

몽골 제국의 황제 칭기즈칸은 자기 이름도 쓸 줄 몰랐어. 그러나 칭기즈칸은 중국을 정복하고, 아시아를 넘어 유럽에 이르는 넓은 영토를 정복해 세계 역사상 가장 넓은 내륙을 정복한 위대한 정복자가 되었단다. 칭기즈칸은 이런 말을 남겼어.

**"배운 게 없다고 탓하지 말라! 나는 내 이름조차 쓸 줄 몰랐으나 남의 말에 항상 귀를 기울였다. 내 귀는 나를 현명하게 가르쳤다."**

칭기즈칸이 커다란 대륙을 정복할 수 있었던 이유 중 하나는 주위의 말에 귀 기울여 현명함을 배우는 자세에 있었어. 칭기즈칸은 자기에게 모자란 것, 자기가 모르는 것을 부하들에게 묻는 걸 부끄러워하지 않았어. 그 덕에 칭기즈칸의 주위에는 좋은 조언을 해 줄 수 있는 똑똑하고 유능한 참모가 모여들었어. 참모들은 전쟁터에서 그때 그때 상황에 맞는 전략, 전술을 내놓았어. 칭기즈칸은 그들의 말을 귀담아듣고 깊이 생각한 끝에 결정을 내림으로써, 잘못된 결정을 내릴 확률을 줄여 나갔어.

현명한 사람은 칭기즈칸처럼 사람들의 말에 귀를 기울인단다. 혼자 생각하고 결정하는 것보다, 친구의 생각을 듣고 그 생각을 참고해 결정을 내릴 때 보다 올바른 결정을 할 수 있기 때문이지.

하지만, 마지막에 결정을 내리는 건 친구가 아니라 자기 자신이라는 것을 잊지 마. 친구의 충고는 말 그대로 충고일 뿐, 마지막 선택은 스스로의 몫이란다.

친구의 충고는 결정에 도움이 되는 좋은 양식!

실 / 천 / 하 / 기
# 대통령이 되고 싶니?

대통령은 한 나라에 단 한 사람밖에 없어. 한 나라를 이끄는 리더가 바로 대통령이지. 과연 어떻게 해야 대통령이 될 수 있는 능력을 키울 수 있을까?

### ① 자신감이 중요해!

리더십을 키우려면 자신감이 있어야 해. 자신감은 '난 할 수 있어.', '잘 될 거야.' 하고 스스로 믿는 데에서부터 생겨. 이렇게 생각하다 보면 정말로 자신감이 생겨나게 된단다. 자신감이 넘치는 사람을 보면 너도 모르게 믿음이 가지 않니? 자신감은 친구들에게 믿음과 용기를 준단다.

### ② 책임감을 키우자!

"얘들아, 우리 학원 빼먹고 놀러가자."
이렇게 친구들을 끌고 나가서 신나게 놀고는 걸렸을 때 자기만 슬쩍 핑계를 만들어 벌을 받지 않으려는 사람은 대통령이 될 수 없어. 한 나라를 책임지는 대통령이 되려면 자기가 한 말과 행동이 불러온 결과에 대해 책임을 질 수 있어야 해.

③ 친구들의 말에 귀 기울이기

대통령은 주위 사람들의 말에 귀를 잘 기울여야 해. 이제부터 너도 친구들에게 관심을 갖고, 친구들의 입장을 너그럽게 살펴보도록 해.
'쟤가 나한테 해 준 것도 없는데 내가 왜 쟤한테 잘해야 해?'
처음엔 이렇게 손해 보는 기분이 들지도 몰라. 하지만 네가 꾸준히 친구들의 말에 귀 기울여 준다면, 친구들도 너를 더 깊은 우정으로 대하게 될 거야.

④ 배려와 존중의 대화

대화에서 가장 중요한 건 뭘까? 바로 배려하는 마음이란다.
친구가 너와 다른 의견을 말한다고 해서 '네가 틀렸어.'라거나 '네가 잘못 알고 있어.' 하며 무시해서는 안 돼. 그 친구가 왜 그런 의견을 말했는지 친구의 입장이 되어서 생각할 줄 알아야 하지. 네가 자신을 진심으로 배려하고 존중한다는 걸 알게 되면 그 친구는 자연히 너를 믿고 따르게 될 거야.

대통령이 되고 싶니? 자신감, 책임감, 배려를 갖추렴~

2017년 2월 10일 2판 1쇄 발행
2022년 7월 20일 2판 12쇄 발행

**지은이** | 오주영
**그린이** | 나일영
**발행인** | 김경석
**펴낸곳** | 아이앤북
**편집자** | 우안숙
**디자인** | 김희영 장지윤
**마케팅** | 남상희
**주　소** | 서울시 성동구 천호대로 424(용답동)
**연락처** | 02-2248-1555
**팩　스** | 02-2243-3433
**등　록** | 제4-449호

ISBN 979-11-5792-088-4 74370
ISBN 979-11-5792-097-6 (세트)

이 책에 실린 모든 내용, 디자인, 이미지, 편집 구성의 저작권은 아이앤북과 지은이에게 있습니다.
http://blog.naver.com/iandbook 아이앤북은 '나와 책' '아이와 책'이라는 뜻을 가지고 있습니다.

이 도서의 국립중앙도서관 출판시도서목록(CIP)은 e-CIP 홈페이지 (http://www.nl.go.kr/ecip)
에서 이용하실 수 있습니다. (CIP 제어번호 : CIP2016028689)